Wolfgang Jäger, Sebastian Meurer (Hrsg.)

Hochschule RheinMain, Wiesbaden
Fachbereich Design Informatik Medien
Studiengang Media Management

Human Resources im Internet 2012

Bewertung der HR-Websites bedeutender deutscher Arbeitgeber

8. Auflage

Herausgegeben von
Wolfgang Jäger und Sebastian Meurer

Bibliografische Informationen der Deutschen Nationalbibliothek:

Die Deutsche Nationalbibliothek verzeichnet diese Publikation in der Deutschen Nationalbibliografie; detaillierte bibliografische Daten sind im Internet über http://dnb.dnb.de abrufbar.

ISBN 978-3-8482-3705-0

Alle Rechte vorbehalten.

© 2012 Fachbereich Design Informatik Medien, Hochschule RheinMain, Wiesbaden.

Das Werk einschließlich aller seiner Teile ist urheberrechtlich geschützt. Jede Verwertung außerhalb der engen Grenzen des Urheberrechts ist ohne Zustimmung der Autoren unzulässig und strafbar. Das gilt insbesondere für die Vervielfältigung, Übersetzung, Mikroverfilmung und die Einspeicherung und Verarbeitung in elektronischen Systemen.

Herstellung und Verlag: BoD – Books on Demand GmbH, Norderstedt.

http://www.hs-rm.de/dcsm

Vorwort

Als wir vor zwölf Jahren zum ersten Mal die Studie „Human Resources im Internet" durchgeführt hatten, dachten wir noch nicht daran, dass diese schon bald ein fester Bestandteil der deutschen HR-Landschaft sein würde. Nicht zuletzt dank zahlreicher Rückmeldungen aus der Praxis und einer ständig steigenden Nachfrage fühlten wir uns erneut darin bestärkt, die Karriere-Websites der größten und beliebtesten deutschen Arbeitgeber unter die Lupe zu nehmen und anhand eines vordefinierten Kriterienkatalogs in eine Rangfolge zu bringen. Wie schon zuvor war es auch in der aktuellen Version der Studie wieder unser Anliegen, regelmäßig neue Trends aufzuzeigen sowie auf bestehendes Optimierungspotenzial der untersuchten HR-Websites hinzuweisen.

Das Internet und das dieses umgebende Technologie-Ökosystem verändert sich im Laufe der Zeit kontinuierlich, wodurch sich auch stets neue Herausforderungen für Unternehmen beim Einsatz dieser Technologien für den HR-Bereich ergeben. Während bereits vor vier bis fünf Jahren Web 2.0 und Social Media ein Thema waren, hat sich bis heute hieran grundsätzlich nichts geändert. Ganz im Gegenteil, durch Facebook, Twitter, YouTube und Co. ergeben sich weiterhin auch außerhalb der eigenen Unternehmens-Website bzw. außerhalb der Online-Jobbörsen vielfältige Möglichkeiten der Kandidatenansprache. Durch die steigende Verbreitung und den stetigen Bedeutungszuwachs mobiler Medien (mobile Endgeräte, Mobile Web etc.) allerdings zeigen sich wiederum gänzlich neue Aufgaben für Unternehmen, diese Kommunikationskanäle nun auch zielführend in ihre HR-Strategie einzubauen und für eine innovative und individuelle Zielgruppenansprache zu nutzen. Bei all diesen Neuerungen sollte eines jedoch klar sein: Die Welt besteht – trotz ständiger Neuerungen – nicht nur aus Social bzw. Mobile Media. Das Zentrum aller Online-Personalmarketing- und E-Recruiting-Aktivitäten ist und bleibt (zumindest vorerst) die stationäre Karriere-Website. Diverse Studien und Befragungen bestätigen immer wieder, dass die (stationäre) Karriere-Website für potenzielle Bewerber aktuell die Anlaufstelle Nummer 1 ist, um sich über einen Arbeitgeber zu informieren bzw. um sich letztlich zu bewerben. Auch wenn der Erstkontakt zukünftig vielleicht vermehrt über soziale Netzwerke bzw. über mobile Endgeräte (sofern ein mobiles Informationsangebot vorhanden ist) zustande kommt, ändert dies vorerst aus Sicht der Herausgeber nichts daran, dass früher oder später ein Wechsel zum stationären Angebot von Nöten ist. Aus diesem Grund ist es auch besonders wichtig, den Bewerberzielgruppen eine inhaltlich und funktional möglichst optimale (stationäre) Karriere-Website anzubieten. Dazu gehört natürlich auch – und an dieser Stelle schließt sich der Kreis – die Integration von Social Media bzw. ein mobil optimiertes Informationsangebot, bieten diese Kanäle doch die Möglichkeit, zum einen dialogische Informationen auf eine sehr moderne und authentische Art und Weise zu übermitteln, zum Anderen einen Erstkontakt auch in mobilen Nutzungskontexten zu realisieren.

Wie schon bei den vorhergehenden Studien haben wir als Herausgeber zwar den Kriterienkatalog aufgestellt und überarbeitet, allerdings selbst keine Karriere-Websites bewertet. Dies geschah wieder allein durch ein Team von Studierenden des Studiengangs Media Management an der Hochschule RheinMain (Johannes Arnold, Julia Bohlig, Veronika Eitsen, Christopher Kissel und Johanna Schoefend). Ihre Unterstützung ist der „Kern" bei der Erstellung der Studie und Erhebung der über 50.000 einzelnen Messwerte, die die (Daten-)Basis dieser Untersuchung darstellen. Weitere Hinweise und Begründungen unserer Entscheidungen zur Unabhängigkeit und Objektivität der Untersuchung finden sich im Kapitel „Studiendesign/Methodik" im Abschnitt „Grundsätze – Vier Säulen des Studiendesigns" auf Seite 26.

Weiterhin gibt es in der aktuellen Studienauflage auch einen Wechsel bei den Herausgebern. Nach dem Mitherausgeber der letzten Studienauflagen (Christian Meser) tritt in dieser Studienauflage als neuer Mitherausgeber erstmals Sebastian Meurer auf.

Abbildung 1: Die Herausgeber und das Bewertungs-Team (v.l.n.r.: Christopher Kissel, Veronika Eitsen, Sebastian Meurer, Johanna Schoefend, Wolfgang Jäger, Julia Bohlig, Johannes Arnold)

Wie immer ist es uns ein wichtiges Anliegen, das Ranking nachvollziehbar zu machen und dadurch Anregungen für die weitere Verbesserung von Karriere-Websites zu geben. Aus diesem Grund wird der Kriterienkatalog wie gewohnt vorgestellt und detailliert erläutert.

Nicht zuletzt möchten wir uns erneut bei den vielen Unternehmensvertretern bedanken, die uns mit hilfreichen Hinweisen und kritischen Anmerkungen bei der (Weiter-)Entwicklung des Kriterienkatalogs unterstützt haben. Der Dialog mit den Mitarbeitern im Bereich Personalmarketing und Rekrutierung bleibt für uns ein unverzichtbares Feedback. Mit Ihren Fragen und Hinweisen erreichen Sie uns wie bisher gewohnt direkt per E-Mail (wolfgang.jaeger@hs-rm.de). Auch Ihre Bestellungen werden über diese E-Mail-Adresse entgegengenommen und abgewickelt.

Wir wünschen Ihnen eine interessante Lektüre!

Wolfgang Jäger   Sebastian Meurer

Wiesbaden im Herbst 2012

Inhalt

Vorwort	**IX**
Inhalt	**XIII**
Einleitung	**1**
Zielsetzung	2
Was ist neu im Vergleich zur letzten Studie?	3
Studiendesign/Methodik	**7**
Auswahlschlüssel der Unternehmensgesamtheit	9
Studienüberblick – Cluster | Erhebungszeitraum	13
Berechnungsverfahren	14
Kurzbeschreibung der Studien-Cluster	16
Zugang	16
Information	18
Design	19
Navigation & Usability	20
Interaktivität	23
Grundsätze – Vier Säulen des Studiendesigns	26
Praxisnähe oder Unabhängigkeit	26
Bewerber- oder Unternehmensperspektive	27
Bewertung oder Befragung	27
Objektivität oder individuelle Beurteilung	28
Kriterienkatalog	**31**
Zugang	33
Information	38
Design	47
Navigation & Usability	50
Interaktivität	55

Studienergebnisse 73

    Gesamtranking 75

    Kurzvorstellung/-bewertung der TOP 20 81

    Ranking nach dem Cluster Zugang 101

    Ranking nach dem Cluster Information 109

    Ranking nach dem Cluster Design 117

    Ranking nach dem Cluster Navigation & Usability 125

    Ranking nach dem Cluster Interaktivität 133

    Untersuchung der Abwicklungsprozesse 141

    Unternehmensentwicklung 145

        Auf- und Absteiger 147

        Vergleich über die Studienauflagen 2000 bis 2012 153

Fazit und Ausblick 159

Literatur 169

Verzeichnisse XVII

    Abbildungsverzeichnis XVIII

    Tabellenverzeichnis XIX

Einleitung

Zielsetzung

Zum achten Mal vergleicht diese Studie die HR-/Karriere-Websites der größten und beliebtesten Arbeitgeber in Deutschland und zeigt dabei gleichzeitig Optimierungspotenziale und Trends speziell in den Bereichen Online-Personalmarketing sowie E-Recruiting auf. Nachdem in den Jahren 2000 und 2001 bereits die 100 personalstärksten Unternehmen bewertet worden sind, kamen seit der Auflage 2003 zusätzlich noch die bevorzugten Arbeitgeber von angehenden Wirtschaftswissenschaftlern und Ingenieuren hinzu, soweit sie nicht bereits zu den 100 personalstärksten Unternehmen gehörten. Seit 2008 sind zudem die am häufigsten genannten Wunscharbeitgeber von Absolventen der IT-Branche Gegenstand der Bewertung (vgl. Abschnitt „Auswahlschlüssel der Unternehmensgesamtheit" auf Seite 9).

Mit der Erstellung der Grundgesamtheit und Erhebung der einzelnen Heuristiken ist es das Ziel der Untersuchung herauszufinden, welche Unternehmen ihre Karriere-Websites unter den Gesichtspunkten von Personalmarketing und Recruiting am sinnvollsten nutzen und in welchen Bereichen Defizite oder Chancen in der medienspezifischen Umsetzung im Internet bestehen bzw. genutzt werden (können). Durch fortwährend steigende Anforderungen an und die Integration von informativen und interaktiven Elementen ist es daher erneut von hoher Bedeutung, unternehmensseitige Karriere-Websites hinsichtlich ihrer inhaltlichen Bedeutung sowie medialen Umsetzung zu bewerten.

Durch eine Interpretation der aktuellen Ergebnisse sowie den Vergleich früherer Ergebnisse der Vorgängerstudien mit den aktuellen Bewertungen versucht diese Studie die Entwicklungslinien und den Status quo der HR-Websites nachvollziehbar zu machen sowie dadurch auch Best-Practice-Websites aus Personalmarketing- bzw. E-Recruiting-Sicht zu identifizieren. Anhand eines Kriterienkatalogs mit über 340 Heuristiken, der ungenutzte Potenziale erkennbar macht, soll die Studie Trends und Anregungen bzw. Perspektiven für zukünftige Weiterentwicklungen aufzeigen, um sich dem Wettbewerb um Fachkräfte schon heute erfolgreich stellen zu können. Ziel aus Personalmarketingperspektive ist es aufzuzeigen, wie HR-Websites sinnvoll und vor allem zielgruppenadäquat eingesetzt werden können.

Was ist neu im Vergleich zur letzten Studie?

Schon als wir im Jahr 2001 an der zweiten Auflage der Studie arbeiteten, standen wir vor einer grundsätzlichen Entscheidung: Sollten wir den Kriterienkatalog der ersten Studie beibehalten und die einzelnen Heuristiken unverändert wieder auf die HR- bzw. Karriere-Websites anwenden oder sollen die Bewertungsmaßstäbe aktualisiert werden, um neuen Entwicklungen und Trends im Internet Rechnung zu tragen? An dieser Grundsatzfrage hat sich auch in der aktuellen Auflage nichts geändert.

Wir kamen zu dem Schluss, dass ein unveränderter Kriterienkatalog nur scheinbar bessere Vergleichbarkeit bietet. Eine Karriere-Website, die heute nach dem alten Kriterienkatalog als inhaltlich und funktional „sehr gut" bewertet werden würde, muss nicht zwangsläufig auch heute eine „sehr gute" Karriere-Website sein. Vielmehr ist eine solche Karriere-Website zum damaligen Zeitpunkt als „sehr gut" zu bewerten gewesen, wenn sie die damals geforderten Features geboten hat. Im heutigen Umfeld würde sie dennoch veraltet wirken.

Wir sind der Meinung, dass mit der Fortentwicklung des Online-Personalmarketings und des E-Recruitings sowie den mittlerweile schon sehr deutlich werdenden Trends hin zu mobilen Angebotserweiterungen (mobiles Personalmarketing und Mobile Recruiting) auch unser Maßstab ständig neu definiert werden sollte und jede Karriere-Website vor dem Hintergrund ihrer Zeit und ihres Wettbewerbsumfeldes betrachtet werden muss.

So wurde auch in dieser Auflage der Kriterienkatalog einigen Veränderungen unterzogen. Der Katalog baut nach wie vor auf den Erkenntnissen der vergangenen Auflagen auf und wurde an einigen Punkten der aktuellen Entwicklung entsprechend überarbeitet bzw. ergänzt.

Trotz aller Veränderungen ist auch der neue Kriterienkatalog seinem Vorgänger in weiten Teilen ähnlich geblieben. Weniger wurden von uns umfangreiche Fragenkomplexe gestrichen, vielmehr haben wir die Erfahrungen aus den Vorgängerstudien sowie unsere Sichtweise der Dynamik auf den Kriterienkatalog angewandt und auch sich aktuell vollziehende Entwicklungen in die Bewertung einfließen lassen.

Um durch die Bewertung der Karriere-Websites nicht nur eine Erfassung des Status quo zu ermöglichen, sondern auch eine zukunftsorientierte Sichtweise aufzuzeigen, wurden darüber hinaus auch zukunftsweisende (Weiter-)Entwicklungen und Trends aus den Bereichen Personalmarketing und E-Recruiting thematisch berücksichtigt. Aufgrund der mittlerweile existierenden und stetig steigenden Verbreitung mobiler Endgeräte bzw. allgemeiner technologischer Entwicklungen im Mobile Media-Umfeld sowie deren Bedeutung nicht zuletzt auch für Personalthemen im Bereich der mobilen Personalkommunikation, wurde in dieser Ausgabe erstmals ein neuer Fragenbereich entwickelt und aufgenommen, der sich – verteilt auf die jeweiligen Cluster – mit der Thematik „Mobile Media" befasst. Hierbei reicht das Themenspektrum vom mobilen Zugang zu Karriere-Informationen (mobile Karriere-Website bzw. mobile Karriere Applikationen), über den Informationsumfang der mobilen Angebote und deren Usability bis hin zu Mobile Recruiting-Angeboten (z. B. mobile Stellenmärkte, mobile Bewerbungsmöglichkeit etc.). Die Erweiterung der E-Recruiting-Aktivitäten von Unternehmen auf das „Mobile Web" zur Etablierung eines neuen Kommunikationskanals zur Bewerberansprache und zum Employer Branding sowie letztlich auch zur Personalbeschaffung erscheint daher nur logisch und wird zukünftig eine bedeutende Rolle in den Rekrutierungsstrategien von Unternehmen einnehmen.[1]

Ungeachtet dieser thematischen Ergänzung bleibt festzuhalten, dass es nicht das Ziel dieser Studie ist, eine eigenständige Untersuchung bzw. Bewertung mobiler Personalmarketing sowie Mobile Recruiting-Angebote der Unternehmen vorzunehmen, was auch in diesem geringen Umfang überhaupt nicht möglich wäre, sondern vielmehr durch eine Aufnahme grundlegender Heuristiken diesem Thema die nötige Aufmerksamkeit als neuem, zusätzlichem Kommunikationskanal zu widmen. Diese Tatsache wird nicht zuletzt auch durch die folgende Visualisierung der Bedeutung des mobilen Bereichs auf die Gesamtstudie deutlich.

---

[1] Siehe auch www.remomedia.de.

Abbildung 2: Bedeutung Thematik „Mobile" in einzelnen Clustern und Gesamtstudie

Insgesamt fließt also der mobile Bereich zu ungefähr 16% in die Gesamtbewertung eines Unternehmens ein, wobei diesem Thema in den jeweiligen Studien-Clustern eine unterschiedliche Gewichtung zukommt.

Studiendesign/Methodik

Überblick Studiendesign und Methodik

186 der personalstärksten und beliebtesten Deutschen Arbeitgeber bilden in der Studie „HR im Internet 2012" die Unternehmensgrundgesamtheit…

…von diesen wurden letztlich in die Bewertung einbezogen: **170**

07-10 2012 **Erhebungszeitraum**

in den folgenden…

…Clustern wurden die Unternehmen einer Bewertung unterzogen, wobei die Cluster mit ihrer jeweiligen Gewichtung in das Gesamtergebnis eingehen: **5**

Zugang	Information	Design	Navigation und Usability	Interaktivität
5%	35%	5%	15%	40%

je Unternehmen

wurden jeweils erhoben:

344 Heuristiken

einzelne Messwerte **1032**

Auswahlschlüssel der Unternehmensgesamtheit

In den ersten beiden Auflagen der Studie wurden von uns die HR-Websites der 100 personalstärksten Unternehmen Deutschlands bewertet. Seit der vierten Auflage ermöglichen wir einen noch differenzierteren Vergleich, indem wir zusätzlich auch jene Unternehmen in die Untersuchung mit einbeziehen, die besonders im Fokus der Job-Suchenden stehen:

Die jeweils 50 am häufigsten genannten Wunscharbeitgeber angehender Wirtschaftswissenschaftler und Ingenieure. Seit der letzten Ausgabe haben wir die Untersuchung zudem um die am häufigsten genannten Wunscharbeitgeber von angehenden IT-Absolventen erweitert.

Als Grundlage für die Auswahl der zu bewertenden Unternehmen dienten uns neben der durch die WELT herausgegebenen Rangliste der größten deutschen Unternehmen (Deutschlands Große 500 – 2010) erneut die Studien des Berliner Trendence Institut für Personalmarketing: „trendence Graduate Barometer 2012 – German Business Edition", „trendence Graduate Barometer 2012 – German Engineering Edition" sowie „trendence Graduate Barometer 2012 – German IT Edition".

Dadurch werden zusätzlich zu den größten (personalstärksten) Arbeitgebern vor allem zwei Arten von Unternehmen zusätzlich in die Bewertung mit aufgenommen: Einerseits eine Reihe ausländischer Unternehmen, die in Deutschland aktiv sind, eine deutsche HR-Website anbieten und ein nachweislich gutes Arbeitgeberimage besitzen. Andererseits aber auch deutsche Unternehmen, die nicht zu den 100 größten Arbeitgebern gehören, aber durch ihren besonderen Ruf einen ebenso hohen Stellenwert für die Zielgruppe haben (wie z. B. Porsche, Roland Berger etc.).

Natürlich gibt es hier eine ganze Reihe von Überschneidungen, da die größten deutschen Unternehmen vielfach auch zu den beliebtesten Arbeitgebern zählen. Oftmals werden Unternehmen zudem sowohl von Ingenieuren als auch von Wirtschaftswissenschaftlern und/oder IT-Fachleuten favorisiert. Die folgende Abbildung verdeutlicht das Prinzip unseres Auswahlschlüssels zur Bestimmung der Unternehmensgrundgesamtheit:

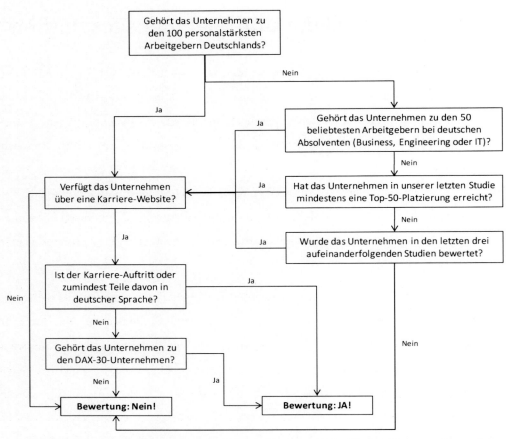

Abbildung 3: Prinzip des Auswahlschlüssels zur Bestimmung der Unternehmensgrundgesamtheit

Maßgebend dafür, ob ein Unternehmen bewertet werden konnte, war natürlich die Frage, ob überhaupt eine Karriere-Website angeboten wird. Zusätzlich wurde darauf geachtet, dass dieser Karrierebereich – zumindest in Teilen – deutschsprachig war, denn unserer Meinung nach sollte ein deutsches Unternehmen bzw. ein Unternehmen, das hierzulande auf dem (Bewerber-)Markt aktiv ist, auch ein entsprechendes Sprachangebot zur Verfügung stellen – aller Globalisierungsmaßnahmen und gestiegenen internationalen Ansprüchen zum Trotz. Ausnahmen machten wir nur bei denjenigen Unternehmen, die derzeit zum DAX-30 gehören und aus diesem Grund eine hohe Bedeutung für die deutsche Wirtschaft haben.

Schließlich wurden auch Unternehmen bewertet, die entweder in unserer letzten Studie eine Top-50-Platzierung erreicht hatten oder aber in den letzten drei aufeinanderfolgenden Studien bereits bewertet wurden, auch wenn sie (diesmal) nicht zu den personalstärksten bzw. beliebtesten Arbeitgebern laut oben stehender Ausführung gehörten.

Weiterhin ist zu bemerken, dass wir bei Konzernen in der Regel jeweils nur die Konzernmutter bewertet haben, auch wenn Tochtergesellschaften nach diesem Auswahlschlüssel mit in die Bewertung hätten eingehen können. Auswahlkriterien waren hier weniger die rechtliche und wirtschaftliche Abgrenzung innerhalb der Unternehmen, sondern die Außenwahrnehmung als eine oder mehrere Arbeitgebermarken. In einigen anderen Fällen hingegen wurde aber auch von einer Bewertung der Konzernmutter sowie ebenfalls auf die Aufnahme der Konzerntöchter verzichtet, wenn die Konzernmütter (aufgrund mangelnder Informationen etc.) keine Bewertung zuließen und die jeweiligen Konzerntöchter die im Auswahlschlüssel genannten Kriterien nicht erfüllten (z. B. ARD).

Letzten Endes bildeten dieses Jahr insgesamt 186 Firmen Unternehmen die Grundgesamtheit der Untersuchung, wobei wie oben erwähnt sowohl während, als auch im Nachgang der Bewertung einige Streichungen vorgenommen wurden. So musste auf eine Bewertung der folgenden Unternehmen in der aktuellen Auflage der Studie HR im Internet 2012 verzichtet werden:

- » Adobe, Crytek, Electronic Arts, ESA (European Space Agency), Nvidia, Rolls Royce, Sandoz Pharmaceutical und Suse LINUX (alle Unternehmen bieten nur eine vollständig englischsprachige Karriere-Website)
- » ARD (lediglich Verlinkung auf einzelne Landesmedienanstalten)
- » ContiTech AG (Konzernmutter Continental wurde bewertet)
- » Maxingvest (Konzernmutter dient hier nur als Mantel, in der Zielgruppe besteht allerdings ein getrenntes Verständnis der Arbeitgebermarken der Konzerntöchter, daher wurden Tchibo und Beiersdorf einer gesonderten Bewertung unterzogen)
- » Penny-Markt (Rewe Group als Konzernmutter wurde einbezogen, daher keine gesonderte Bewertung)

- » RAG und Rethmann Gruppe (Konzernmütter bieten jeweils keine Karriere-Website, sie verweisen nur auf einzelne Konzerntöchter, die allerdings für die Aufnahme in die aktuelle Studie zu wenige Mitarbeiter aufweisen oder aber auch selbst über keine karrierespezifischen Informationen verfügen)
- » Schlecker (Unternehmensinsolvenz)
- » Unternehmensgruppe Schwarz (Konzernmutter dient hier nur als Mantel, in der Zielgruppe besteht allerdings ein getrenntes Verständnis der Arbeitgebermarken der Konzerntöchter Lidl und Kaufland, daher wurde zumindest Lidl eigenständig bewertet)

Weitere Abweichungen gab es bei den Unternehmen MTU Friedrichshafen und der Dr. August Oetker Gruppe. Statt MTU Friedrichshaften wurde die Tognum AG bewertet; bei der Dr. August Oetker Gruppe lag das Hauptaugenmerk auf der Bewertung des Angebots der Dr. August Oetker Nahrungsmittel KG, welche einer Bewertung unterzogen wurde.

Studienüberblick – Cluster | Erhebungszeitraum

Der Kriterienkatalog misst jede untersuchte Karriere-Website an einer imaginären, optimalen Website. Er ist in fünf verschiedene Cluster (Kriterienbereiche mit jeweiligen Kategorien) mit unterschiedlicher Gewichtung und einer unterschiedlichen Anzahl von Fragen (Heurisiken) aufgeteilt:

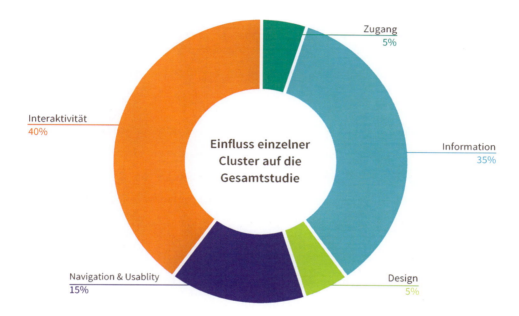

Abbildung 4: Gewichtung der einzelnen Cluster in der Studie

Damit ist die Gewichtung im Vergleich zur letzten Untersuchung unverändert geblieben. Der Cluster Interaktivität war, ist und bleibt nach Meinung der Herausgeber der Bereich, der insbesondere vor dem Hintergrund der Online-Bewerbung die höchste Bedeutung genießt. Darüber hinaus bietet dieser Bereich das größte Differenzierungspotenzial, nicht zuletzt durch den Einsatz von Web 2.0- und Social-Media-Elementen sowie schlussendlich auch aufgrund Weiterentwicklungen im mobilen Bereich.

Der Erhebungszeitraum für die vorliegende Studie lag zwischen Juni und Oktober 2012.

Berechnungsverfahren

Bei dieser Studie kam – wie schon in der Studie von 2010 – im Vergleich zu den Vorgängerstudien ein leicht verändertes Berechnungsverfahren zum Einsatz.* Wurde bisher für jede Heuristik innerhalb der einzelnen Cluster eine Punktzahl von 0 (Heuristik nicht erfüllt) bis 10 (Heuristik voll erfüllt) vergeben, gab es nun nur noch drei mögliche Stati, die eine Heuristik annehmen konnte: „voll erfüllt", „teilweise erfüllt" und „nicht erfüllt". Jedem dieser drei Erfüllungsstati wurde eine feste Gewichtung zugeordnet. Hatte eine Website eine Heuristik voll erfüllt, wurde diese mit einem Punkt gewertet. Eine teilweise Erfüllung der Heuristik bedeutete eine Wertung von 0,5 Punkten, eine nicht erfüllte Heuristik 0 Punkte.

Für jede (Unter-)Kategorie innerhalb eines Clusters wurde nun die prozentuale Zielerreichung berechnet, welche sich durch die Addition der einzelnen Heuristikwerte und der Division dieser Summe durch die Anzahl der Heuristiken in der jeweiligen Kategorie ergibt. Nach dem gleichen Muster konnte der Erreichungsgrad in den einzelnen Clustern berechnet werden.

Zur Berechnung des Gesamtergebnisses wurden nun die Werte der einzelnen Cluster mit ihrer jeweiligen Gewichtung multipliziert. Die auf der nächsten Seite folgende Formel zeigt den Berechnungsweg bis zum Gesamtergebnis in allen Teilschritten.

Das Gesamtergebnis einer Karriere-Website ergibt nach dem umseitig erläuterten Berechnungsverfahren also einen Wert zwischen null und 100% und stellt somit ein gewichtetes, arithmetisches Mittel der fünf Cluster dar. Es beschreibt, zu welchem Grad das bewertete Unternehmen die Qualität einer fiktiven, idealen Karriere-Website erreicht hat.

---

* Dieses Berechnungsverfahren wurde bereits bei der Studie „Human Resources im Internet 2009 – Azubi-Spezial" verwendet.

1. Schritt: Berechnung der Werte einzelner Kategorien innerhalb der Cluster über Gewichtung der Heuristiken:

$$\text{Ergebnis Kategorie} = \frac{(Sum\ Heu_{ve} \times 1) + (Sum\ Heu_{te} \times 0{,}5) + (Sum\ Heu_{ne} \times 0)}{Anzahl\ Heu\ in\ jeweiliger\ Kategorie}$$

2. Schritt: Berechnung der Ergebnisse der einzelnen Cluster durch Addition der Ergebnisse in den zugehörigen Kategorien:

$$\text{Ergebnis Cluster} = \frac{Erg\ Kat_1 + Erg\ Kat_2 + Erg\ Kat_i}{Anzahl\ Kat\ in\ jeweiligem\ Cluster}$$

3. Schritt: Berechnung des Gesamtergebnisses durch Multiplikation der Clusterergebnisse mit ihrer jeweiligen Gewichtung:

$$\textit{Gesamtergebnis} = Erg_{Zug} \times 5\% + Erg_{Inf} \times 35\% + Erg_{Des} \times 5\% + Erg_{Nav\&Us} \times 15\% + Erg_{Int} \times 40\%$$

Legende:

Sum = Summe	Zug = Zugang	ve = voll erfüllt
Heu = Heuristik	Inf = Information	te = teilweise erfüllt
Gew = Gewichtung	Des = Design	ne = nicht erfüllt
Erg = Ergebnis	Nav&Us = Navigation & Usability	
Kat = Kategorie	Int = Interaktivität	

Kurzbeschreibung der Studien-Cluster

Zugang

5%

Auf Erfolg und Misserfolg einer Corporate- bzw. Karriere-Website haben einige Faktoren Einfluss, die zunächst banal erscheinen, jedoch dadurch, dass Sie eine Art „Türhüter-Funktion" haben, hohe Beachtung verdienen. Die Qualität einer Unternehmens-Website mag noch so gut sein, wenn diese Anforderungen nicht erfüllt sind, wird die Entdeckungsreise des Surfers schon auf der Homepage oder noch davor auf Grund laufen.

Zu diesen Faktoren gehören vor allem die Auffindbarkeit der Website bei der Eingabe von Variationen des Firmennamens in einer Suchmaschine, sowie das Angebot von verschiedenen Sprachvarianten und die Bereitstellung eventuell benötigter Zusatzsoftware, die zur korrekten Darstellung der angebotenen Inhalte von Nöten ist.

Es erscheint selbstverständlich, dass ein Unternehmen unter der Domain `www.unternehmensname.de` zu finden sein sollte. International agierende Unternehmen sollten darüber hinaus auch unter entsprechenden Variationen der Top-Level-Domain („.com-Adresse") erreichbar sein. Im Idealfall sollten, um die Auffindbarkeit zu optimieren, alle plausiblen Schreibweisen des Firmennamens reserviert sein und auf die Website des Unternehmens verweisen. Imageschädigend hingegen wirkt es, wenn unter einer Schreibweise des Unternehmensnamens andere als die zu erwartenden Inhalte zu finden sind. Aus diesem Grund ist das sogenannte „Domain Grabbing" stets zu vermeiden.

Viele Unternehmen sind mittlerweile auch dazu übergegangen, eigene Subdomains für Ihren Karrierebereich anzulegen (z. B. `karriere.unternehmensname.de`). Auf diese Weise kann für den HR-Bereich selbst eine einprägsame URL kommuniziert werden, die sich auch gut zur Veröffentlichung in Broschüren oder auf Plakaten eignet.

Die meisten der bewerteten Unternehmen sind international tätig und daher in der Regel auch daran interessiert, Personal aus vielen Teilen der Welt zu rekrutieren. Dies sollte durch die Bereitstellung verschiedener Sprachvarianten zum Ausdruck kommen. Zumindest auf Deutsch und Englisch sollte die gesamte Corporate-Website – also auch der Personal-/Karrierebereich – verfügbar sein. Aber auch innerhalb der deutschen Sprache können Hürden beim Zugang zu Website und HR-Bereich bestehen. In großen Unternehmen entwickeln sich oft unternehmenseigene Sprachbesonderheiten, Fachtermini und Bezeichnungen, die für einen Außenstehenden (der der Bewerber in aller Regel ist) unverständlich sein können. Hier gilt es, bei der Formulierung der Texte darauf zu achten, dass diese frei von unternehmensspezifischen sprachlichen Eigenheiten und für jedermann verständlich sind. Dies gilt natürlich in noch viel größerem Maße für Links – gerade hier behindern Verständnisprobleme die Nutzung der Website.

Oftmals ist für die Nutzung einer Website auch Zusatzsoftware erforderlich. Dokumente, wie z. B. Geschäftsberichte, werden beispielsweise gerne im Portable Document Format (PDF) angeboten. Wenn diese Programme notwendig sind, dann sollten sie auf der Website des Unternehmens zur Verfügung gestellt bzw. auf eine Download-Möglichkeit verwiesen werden. Trotz hoher Verbreitung der Programme sollte der Maßstab immer ein Nutzer sein, dessen Computer nicht über die erforderliche Software verfügt.

Einen weiteren, neuartigen Zugang zur Karriere-Website bzw. zu karrierespezifischen Informationen eines Unternehmens bieten mobile Endgeräte. Um diesem Kanal und seinen Eigenheiten des mobilen Nutzungskontextes gerecht zu werden, ist es notwendig, unter anderem eine für mobile Endgeräte optimierte Karriere-Website bereit zu stellen. Zum einen, weil die Fläche zur Darstellung (z. B. Display-Größen von Smartphones) in der Regel wesentlich kleiner ist, zum anderen um die Datenraten so niedrig wie möglich zu halten (keine großen Bilder, etc.). Zudem ist die Nutzungssituation bei mobilen Endgeräten eine andere: Während das stationäre Web in der Regel zuhause oder auf der Arbeit genutzt wird, ist das „Mobile Web" ein „Unterwegsmedium", das man beispielsweise im Zug, an der Haltestelle oder im Wartezimmer nutzt. Dass man in diesen Situationen einen vereinfachten Zugang zu den Inhalten benötigt, versteht sich von selbst. Eine andere Möglichkeit, den mobilen Kanal zu bedienen, stellt das Angebot karrierespezifischer mobiler Applikationen für die bedeutendsten mobilen Betriebssystemplattformen am Markt dar (hauptsächlich iOS und Android), was in der vorliegenden Studie ebenfalls Berücksichtigung fand.

Information

35%

Im Cluster Information wird die Website besonders auf Inhalte verschiedener (Unter-) Kategorien überprüft. Diese Inhalte lassen sich grob in karriere- und einstiegsspezifische Informationen, allgemeine HR- und Arbeitgeberinformationen, Informationen zu Stellenangeboten sowie in das mobile Informationsangebot gliedern. Daneben spielt auch die Aktualität der Inhalte eine Rolle in diesem Bereich.

Die Karriere-/Einstiegsinformationen sind die klassischen Informationsangebote einer HR-Website: Was brauche ich, um mich zu bewerben? Welche Möglichkeiten und Angebote gibt es für die verschiedenen Zielgruppen? Welche Ausbildungsberufe gibt es? Kann ich meine Abschlussarbeit bei dem Unternehmen schreiben? An wen kann ich mich bei Fragen wenden? Wie läuft der Bewerbungsprozess ab?

In den allgemeinen HR- und Arbeitgeberinformationen stellt sich das Unternehmen als Arbeitgeber im Allgemeinen vor. In diesen Bereich fallen sowohl karrierebezogene Informationen zu Entwicklungsmöglichkeiten, internationalen Einsatzmöglichkeiten, Vergütung etc. wie auch Informationen zum Thema Human Resources im Allgemeinen (z. B. normative Themen wie HR-Philosophie und -Werte, Beschäftigungsbedingungen, soziale/gesellschaftliche Verantwortung, Nachhaltigkeit etc.).

Auch der Informationsgehalt der Stellenangebote selbst spielt eine große Rolle für die Qualität einer Karriere-Website. Berufsbild und Anforderungsprofil, Einsatzort, Einstellungsdatum und organisatorische Einordnung der Stelle müssen klar beschrieben werden. Auch ein spezifischer Ansprechpartner für jedes Stellenangebot erhöht den Nutzwert für den Bewerber genau wie die spezifischen Funktionalitäten eines Stellenangebots.

Nicht zuletzt ist auch das für den mobilen Kanal angebotene Informationsspektrum von hoher Bedeutung. Sowohl für mobile Karriere-Websites, als auch für mobile, karrierespezifische Applikationen sollten grundlegende, für die mobile Nutzung optimierte Inhalte der vorher beschriebenen Informationen verfügbar sein. Die Spanne reicht hier von mobilen, allgemeinen, über mobile Personalmarketinginformationen, mobile karriere- bzw. zielgruppenspezifische Bewerberinformationen bis hin zu prägnanten mobilen Stellenangeboten.

Schließlich spielt im gesamten Informationsbereich die Aktualität der Inhalte eine wichtige Rolle. Diese sollte nicht nur subjektiv empfunden, sondern auch objektiv nachvollziehbar sein.

Die Inhalte einer HR-Website stellen einen Großteil ihres Kernnutzens dar. Daher wurden Informationsangebote in der Studie am zweithöchsten gewichtet.

Design

Anders als die Überschrift vielleicht vermuten lässt, wird in diesem Cluster nur zu einem geringen Anteil die (ohnehin nur subjektiv beurteilbare) „Schönheit" einer Karriere-Website bewertet. Vielmehr liegt das Hauptaugenmerk hier auf den funktionalen Qualitäten des Designs.

5%

Dazu gehört vor allem die Anwendung eines klaren Styleguides, der auch in tieferen Ebenen und interaktiven Bereichen konsistent bleibt. Er gibt Schriften, Farben und Logos vor, enthält idealerweise aber auch klare Vorgaben für die redaktionelle Aufbereitung der Inhalte und für das Bildkonzept. Ein konsistent angewandter Styleguide erhöht den Wiedererkennungswert und erleichtert dem Nutzer die Orientierung.

Des Weiteren werden beim Design die Seitenstruktur und Aufbereitung der Inhalte für das Internet bewertet. Beispielsweise sei hier die Unterstützung unterschiedlicher Auflösungen sowie Darstellbarkeit mittels verschiedener Browser (Cross Browser-Problematik) genannt. Wurde horizontales Scrolling vermieden und vertikales Scrolling sinnvoll eingesetzt? Ist ein barrierefreier Zugang gewährleistet? Weiterhin sollte das Aufrufen von Webseiten im selben oder neuen Fenstern benutzerfreundlich gestaltet sein.

Das Design einer HR-Website sollte darüber hinaus das Corporate Image eines Unternehmens unterstützen. Dabei ist es eine besondere Herausforderung, das unterschiedliche ästhetische Empfinden der heterogenen Zielgruppen (Kunden, Investoren, Studenten, Presse, etc.) und das Corporate Design des Unternehmens miteinander zu vereinbaren.

Schließlich spielt bei der Bewertung des Designs auch der sinnvolle Gebrauch der Stilmittel zur Inhaltsaufbereitung eine Rolle. Wie werden z. B. Testimonials, Interviews, etc. genutzt, um die Inhalte lebendig darzustellen? Werden multimediale Elemente sinnvoll eingesetzt? Besteht die Möglichkeit, weiterführende Informationen herunterzuladen?

Während Inhalte und Interaktivität die Kernleistung der Website bilden, kann das Design diese Leistung nur mit unterstützen. Das Design geht daher mit einer relativ geringen Gewichtung in die Gesamtwertung ein. Auf eine Bewertung spezieller, mobiler Designrichtlinien wurde an dieser Stelle verzichtet, allerdings finden sich zur funktionalen Ausgestaltung Bewertungsheuristiken in dem folgenden Cluster.

Navigation & Usability

15%

Eine (Karriere-)Website mit einem funktionalen Design und umfangreichen Informationen hat nur dann einen Mehrwert, wenn der Benutzer durch eine geeignete Benutzerführung und Navigation in der Lage ist, sich schnell zurechtzufinden. Auch der beste Inhalt ist nutzlos, wenn er nicht vom Benutzer gefunden wird oder wenn es wegen mangelnder Übersichtlichkeit zu zeitaufwändig ist, eine bestimmte Information zu finden.

Ausgehend von Benutzern, die nicht die gesamte Struktur der Website kennen und so nicht immer wissen, auf welcher Informationsebene sie sich befinden, ist es sehr wichtig, eine intuitive Bedienung mit eindeutigen Navigationselementen und Hierarchieebenen sowie ein übersichtliches Layout zu schaffen. Ziel sollte sein, dass ein Besucher auf jeder beliebigen Webseite einsteigen könnte und ihm eine Orientierung sofort möglich ist. Sinnvoll sind dafür z. B. Farbkodierungen für einzelne Navigationsstränge und noch einfacher die sogenannte „Breadcrumb Navigation" (diese Darstellung der aktuellen und aller übergeordneten Navigationsebenen in Form eines verlinkten Stranges unterhalb der horizontalen Navigationsleiste ist als Standard anzusehen). Generell ist es hilfreich, sich an existierenden Konventionen zu orientieren und nicht zu sehr mit den Gewohnheiten des Nutzers zu brechen. Am einfachsten wird sich ein Bewerber zurechtfinden können, wenn die Anordnung der Navigation und Symbole z. B. einer prominenten und von ihm oftmals besuchten Website ähnelt.

Der Quasi-Standard einer übersichtlichen Benutzerführung ist die Anordnung der Toplevel- und Secondlevel-Navigation am oberen und linken Bildrand einer Webseite (aber auch z. B. nur eine Toplevel-Navigation am oberen Bildschirmrand mit ausklappbaren Menüs zur selektiven Informationsauswahl ist durchaus zielführend). Sicherlich gibt es auch andere zufriedenstellende und gut funktionierende Lösungen, aber bei sehr „exotischen" Ansätzen sollte man zurückhaltend sein: Der Benutzer ist ein „Gewohnheitstier" und kann durch eine ihm nicht bekannte Navigation vergrault werden.

Grundlage jeder benutzerfreundlichen Website ist eine Hierarchie zur Darstellung des Navigationskonzepts. Die sogenannte Toplevel-Navigation sollte die verschiedenen Bereiche einer Unternehmens-Website wie zum Beispiel Human Resources, Investor Relations, Produkte etc. beinhalten und von jeder Webseite aus erreichbar sein. Damit ermöglicht man es dem Benutzer schnell zwischen den einzelnen Bereichen zu wechseln. Die Toplevel-Navigation spiegelt außerdem die Struktur einer Website und damit das zugrundeliegende inhaltliche Konzept wider. Wenn der Benutzer die Struktur kennt, bekommt er ein sicheres Gefühl beim Suchen und wird schnell zum gewünschten Ziel finden. Besonders wichtig in diesem Zusammenhang sind auch die Verlinkungen, die gut erkennbar, einheitlich gestaltet und aussagekräftig bezeichnet sein sollten.

Ergänzende Navigationsalternativen wie eine Sitemap und eine Suchfunktion sind heutzutage Standard und sollten ebenfalls vorhanden sein.

Eine Sitemap illustriert grafisch den Aufbau einer Website. Zwar ist es bei sehr umfangreichen Websites unmöglich (und nicht sinnvoll!) die vollständige Informationsbreite und Informationstiefe darzustellen, dennoch ergänzt sie die Navigation durch eine baumstrukturartige Darstellung der Menüpunkte und ihre Anordnung innerhalb der Website.

Die Suchfunktion (Volltextsuche) als weiteres Navigationselement kann dem Benutzer helfen, wenn er gezielt nach bestimmten Worten oder Inhalten sucht. Wichtig ist, dass sie befriedigende Ergebnisse liefert und eventuell die Möglichkeit bietet, eine Suchanfrage zu präzisieren. Hierbei ist noch zu unterscheiden zwischen einer globalen Suchfunktion (über gesamte Website) bzw. einer erweiterten Suchfunktion (mit Fokus auf den HR-Bereich oder gar einer gezielten Suche in den Stellenangeboten). Bei letzterer hat sich das parallele Angebot von Suche nach Kategorien und Volltextsuche bewährt.

Eine weitere Navigationsalternative ist die Verschlagwortung von Inhalten (sog. „Tagging"). Hierbei werden Texten, Bildern und anderen Inhalten bestimmte Schlagworte (Tags) zugewiesen. Diese können dann in einer so genannten „Tag Cloud" angezeigt werden, wobei häufig verwendete Tags größer dargestellt werden. Dies erleichtert dem Nutzer den Zugriff auf bestimmte Informationen. So listet ein Klick auf „Praktikum" beispielsweise alle Inhalte auf, die mit diesem Begriff verschlagwortet sind. Das können allgemeine Informationen zu Praktika im Unternehmen sein, aber auch konkrete Angebote, auf die man sich bewerben kann.

Neben diesen hauptsächlich für das stationäre Web zutreffenden Richtlinien bezüglich der Usability einer Karriere-Website sind zur Etablierung einer „funktionierenden" mobilen Bewerberansprache die folgenden Punkte von Bedeutung.

Mobile Endgeräte zeigen aufgrund des mobilen Nutzungskontextes ganz andere Anforderungen an die Navigation und Usability (sowohl für mobile (Karriere-)Websites, als auch für mobile (Karriere-)Applikationen) und stellen Unternehmen hierbei vor gänzlich neue Herausforderungen. Beispielhaft seien hier endgeräteseitige Limitierungen bezüglich der Leistungsfähigkeit und Displaygröße, aber auch netzseitige wie geringe(re) Datenraten sowie ebenfalls die Plattformfragmentierung neben anderen genannt. Grundsätzlich ist es allerdings wichtig, sich mit Besonderheiten des mobilen Kanals zu beschäftigen, bevor man dessen Einsatz für Personalmarketing und Recruiting in der mobilen HR-Kommunikation plant.

Die genannten Rahmenbedingungen und Einschränkungen mobiler Endgeräte machen die Realisierung einer „guten" mobilen Usability besonders schwer, kennzeichnen diese jedoch auch zugleich als unverzichtbar. Neben den Limitierungen wird häufig auch der sich vom stationären Web gänzlich unterscheidende, mobile Nutzungskontext (z. B. gekennzeichnet durch eine Nutzung „unterwegs" an verschiedenen Orten, unterschiedliche Lichtverhältnisse, Störquellen etc.) bei der Entwicklung und Gestaltung mobiler Websites/mobiler Applikationen in der Praxis nicht oder nur unzureichend beachtet, wodurch es diesen Angeboten oft an einem wirklichen Mehrwert fehlt. Vor dem schon einleitend erwähnten Hintergrund der steigenden Verbreitung und Bedeutung mobiler Endgeräte (und Applikationen) werden mobile Usability-Richtlinien auch für karrierespezifische, mobile Angebote immer bedeutender.

So sollte die mobile, karrierespezifische Interessenten- und Bewerberansprache (über mobile Karriere-Websites/Applikationen) z. B. bekannte Bedienprinzipien verwenden, um den Anwendern die Nutzung und Orientierung zu erleichtern. Auch sollten Unternehmen bei der Erschließung des mobilen Kanals nicht einfach sämtliche stationären Inhalte und Funktionen zu übernehmen versuchen, sondern sich besser auf das Wesentliche, im mobilen Nutzungskontext auch „Konsumierbare" beschränken, um den vorhandenen Platz optimal zu nutzen. Hierbei geht es darum, dem mobilen Nutzer einen echten

Mehrwert zu bieten, damit – nicht zuletzt auch wegen fehlendem Anreiz – keine Verlagerung auf das stationäre Web stattfindet. Stellvertretend wären hier die Unterstützung nativer Gerätefunktionalitäten (z. B. Standortbestimmung etc.) sowie weitere Personalisierungsmöglichkeiten zu nennen. Bei all den genannten Punkten bleibt immer zu beachten, dass die Bedienung des mobilen Angebots mit dem Finger gesichert ist und dass der Nutzer ein klares Feedback erhält.

Interaktivität

Die interaktiven Kernanwendungen einer HR-Website sind naheliegender Weise der Stellenmarkt und das Bewerbungsmodul. Als weitere wichtige Interaktionsformen kommen die Kontaktmöglichkeiten per Online-Formular oder E-Mail hinzu. Ebenfalls in diesen Bereich fallen Funktionen zur Personalisierung, Social Media-Angebote und Talent Relationship Management-Aktivitäten sowie Online Assessments, Planspiele, Kreativitätstests, etc. In dieser Auflage der Studie neu aufgenommen wurde die Bewertung eines gegebenenfalls vorhandenen Mobile Recruiting-Angebots.

40%

Im Stellenmarkt spielt vor allem die Suchfunktion als einfache Schnellsuche und leistungsfähige erweiterte Suche sowie die Darstellung und Sortier- und Filterbarkeit von deren Ergebnissen eine Rolle. Eine sinnvolle Ergänzung zur fallbezogenen Suche ist eine Abonnement-Funktion für passende Angebote (Job-Agent), die den Interessenten per E-Mail oder RSS-Feed auf neue, seinem Profil entsprechende, Stellen aufmerksam macht.

Für die Qualität eines Online-Bewerbungsmoduls sind zunächst die dort abbildbaren Inhalte ausschlaggebend. „Harte" Qualitäten wie Qualifikationen, Erfahrungen und Fähigkeiten müssen genauso dokumentiert werden können wie „weiche" Qualitäten. Der Bewerber muss sicher sein, dass seine Darstellungsmöglichkeiten online genauso gut oder besser sind als in einer Papierbewerbung. Idealerweise wird das Bewerbungsformular parallel auch zum Monitoring genutzt, beispielsweise um im Sinne des Talent Relationship Managements potenzielle Kandidaten für einen Talentpool zu identifizieren.

Unter funktionalen Gesichtspunkten ist Flexibilität, Übersichtlich- und Nachvollziehbarkeit sowie Arbeitserleichterung Trumpf. Dies beginnt bei einfachen Heuristiken wie der Gliederung des Formulars in übersichtliche, wahlfrei ausfüllbare Abschnitte und erstreckt sich über schiere Notwendigkeiten wie der sicheren Übertragung der Daten bis hin zu Funktionen im Bereich des Bewerber-Accounts.

Das Benutzerkonto ist in seiner Kernfunktion vor allem darauf ausgelegt, das Ausfüllen der Bewerbung in mehreren Sitzungen zu erlauben. Professionelle Bewerbermanagementsysteme mit Benutzerkonten erlauben auch die Nutzung der Stammdaten für mehrere Bewerbungen und das Ändern der Stammdaten nach Absenden der Bewerbung. In jüngerer Zeit haben verschiedene Unternehmen diese jedoch auch für weitere Zwecke genutzt: Hier können z. B. auch Suchprofile oder interessante Stellenangebote abgespeichert, das Terminmanagement mit dem Bewerber abgewickelt oder der Bearbeitungsstatus der Bewerbung angezeigt werden.

Teilweise als unverbindliches Marketing-Instrument, teilweise als verbindlicher Teil des Bewerbungsprozesses können interaktive Online-Tests und Online-Assessments zum Einsatz kommen, um die Vorauswahl sowohl bewerber- (Self Assessment), als auch unternehmensseitig zu erleichtern.

Des Weiteren wurden auch Beziehungsmanagement-Ansätze (Talent Relationship Management oder auch Candidate Relationship Management) bewertet. Über gutes Beziehungsmanagement können Unternehmen mit solchen Kandidaten in Kontakt bleiben, für die sie zwar kurzfristig keine Vakanz verfügbar haben, die sie aber dennoch gerne zu einem späteren Zeitpunkt einstellen möchten. Voraussetzung dafür sind ein Kandidaten-Pool und die Möglichkeit, bestimmte Zielgruppen (z. B. ehemalige Mitarbeiter, ehemalige Praktikanten oder Messe-Kontakte) zu identifizieren. Diese werden dann, je nach Zielgruppe, mit verschiedenen Instrumenten des Beziehungsmanagements bedient.

Neben diesen stark auswahlbezogenen Instrumenten gibt es eine ganze Reihe von interaktiven Angeboten, die nur darauf abzielen, Interessenten anzulocken, teils mit diesen in Kontakt bzw. Dialog zu treten und sie zu binden: Spiele, Karriere-Chats und -Foren, virtuelle Karriereberater, Wettbewerbe etc. Ebenfalls in diesen Bereich fallen Social Media-Anwendungen wie Blogs, Videos, Podcasts und Social Bookmarking. Auch der Verweis auf andere Social Media-Plattformen wie Facebook, Twitter, oder YouTube etc. ging hier mit in die Bewertung ein, sofern dieser Auftritt karrierespezifische Themen behandelt.

Ein weiterer, sehr wichtiger Teil der interaktiven Angebote einer HR-Website sind schließlich die Kontaktfunktionen: Neben der Auffindbarkeit eines Online-Kontaktformulars bzw. einer E-Mail-Kontaktmöglichkeit wurden Geschwindigkeit und Qualität der Beantwortung einer einfachen Anfrage überprüft (vgl. hierzu im Kapitel Studienergebnisse den Abschnitt „Untersuchung der Abwicklungsprozesse" auf Seite 141.

Tritt ein Unternehmen auf dem mobilen Kanal mit potenziellen Bewerbern in Kontakt, kommt auch hier der Interaktivität des Angebots eine hohe Bedeutung zu. Hierunter ist hauptsächlich die Zurverfügungstellung von Mobile Recruiting Tools und deren funktionale Ausgestaltung zu verstehen. Bietet ein Unternehmen einem Interessenten über eine mobile Karriere-Website bzw. eine karrierespezifische Applikation Informationen zum Unternehmen sowie zu vielfältigen Beschäftigungsmöglichkeiten etc. an, ist es auch wünschenswert, dass gleichzeitig ein mobil optimierter Stellenmarkt implementiert wurde, der eine gezielte, mobile Suche nach freien Vakanzen ermöglicht und über einfache Such- und Filterfunktionen verfügt. Neben der Unterstützung von nativen Gerätefunktionen (z. B. um Location Based Services zu realisieren) und verschiedenen, auf die mobile Nutzung abgestimmten Darstellungsmöglichkeiten der Suchergebnisse sollte grundsätzlich eine Verzahnung zum stationären Angebot erkennbar sein; an geeigneten Stellen, die bei der mobilen Nutzung zu umfangreich wären, kann auch auf das stationäre Angebot verwiesen werden (z. B. bei der Bewerbungsmöglichkeit, über deren mobile Optimierung bzw. dessen Sinnhaftigkeit die Fachwelt noch uneinig ist). Letztlich sollte der mobile Stellenmarkt auch einen mobilen Direktkontakt zum Unternehmen (z. B. durch Angabe von Direktwahlen zu konkreten Ansprechpartnern) und weitere, einfache Personalisierungsmöglichkeiten bieten.

Aussagekräftige Inhalte, ein funktionales Design und eine sinnvolle Benutzerführung werden immer mehr zur Selbstverständlichkeit. Das größte Differenzierungspotenzial bietet sich Unternehmen im Cluster Interaktivität. Daher wird dieser von uns als wichtigster Bereich angesehen und mit dem größten Anteil am Gesamtergebnis gewichtet.

Grundsätze – Vier Säulen des Studiendesigns

Bei der Entwicklung des Untersuchungsansatzes stehen wir immer wieder erneut vor einer Reihe von Optionen, bei denen beide Wahlmöglichkeiten mit Vor- und Nachteilen behaftet sind. Im Folgenden möchten wir dokumentieren, für welche Option wir uns entschieden haben und begründen, warum es zu dieser Entscheidung kam:

Abbildung 5: Grundsätze des Studiendesigns

Praxisnähe oder Unabhängigkeit

Diese Frage ist weniger ein methodisches Dilemma als eine Frage wissenschaftlicher Neutralität: Die Herausgeber dieser Studie sind außerhalb des Hochschulbereichs beratend im Bereich des Personalmarketings tätig und zählen eine Reihe der untersuchten Unternehmen zu ihren Kunden. Dies zeugt einerseits von der vorliegenden Praxisnähe und Sachkenntnis, wirft aber andererseits die Frage auf, ob die Herausgeber vor diesem Hintergrund eine unabhängige und objektive Untersuchung durchführen können. Schlussendlich wäre die einzig konsequente Alternative, die Durchführung solcher Rankings anderen zu überlassen, die dem Thema entweder fern sind oder sich ihm bislang nur theoretisch nähern konnten. Dies möchten wir als Herausgeber nicht, da wir überzeugt sind, selbst eine objektive Untersuchung gewährleisten zu können.

Um diese sicherzustellen, sind wir als Herausgeber an der eigentlichen Bewertung der Karriere-Websites der einzelnen Unternehmen nicht persönlich beteiligt. Diese wurde, wie einleitend bereits erwähnt, durch ein Studententeam der Hochschule RheinMain (Fachbereich Design – Computer Sciences – Media; Studiengang Media Management) auf der Basis unseres Kriterienkatalogs durchgeführt.

Zudem wird vornehmlich die operative Umsetzung von HR-Websites bewertet, während die Herausgeber als Berater im Bereich von Strategie und Systemen tätig sind und selbst keine Websites erstellen, also getreu dem Motto „man soll keine Dinge bewerten, an deren Erstellung man selbst beteiligt ist".

Schließlich ist noch hinzuzufügen, dass die gewählte Projektstruktur mit uns als Herausgebern und einem Bewertungsteam aus Studenten diesen eine besondere Möglichkeit bietet, eine Brücke zwischen (Hochschul-)Theorie und Praxis zu schlagen.

Bewerber- oder Unternehmensperspektive

Kein Untersuchungsansatz ist vollkommen. Auch unsere Methodik analysiert die HR-Websites aus einer spezifischen Perspektive, wodurch zwangsläufig andere Sichtweisen außer Acht bleiben. Wir betrachten in dieser Untersuchung Karriere-Websites aus dem Blickwinkel von potenziellen Bewerbern. Interne Einflussfaktoren auf die Ausgestaltung der Karriere-Websites wie die Personalmarketingstrategie eines Unternehmens, interne Kostenstrukturen oder Personalbedarf werden nicht berücksichtigt. In der Folge zeigt die vorliegende Studie im Ergebnis diejenigen Websites, die am besten für Interessenten und potenzielle Bewerber sind und nicht zwangsläufig auch für das Unternehmen. Eine Bewertung von Kosten und Nutzen einer HR-Website vermag die Studie durch den Blick „von außen" nicht zu leisten.

Bewertung oder Befragung

Die Zusammenstellung der einzelnen Heuristiken zu einem Kriterienkatalog und die Gewichtung der einzelnen Cluster beruht nicht direkt auf einer Befragung der Zielgruppen, sondern wurde unter Berücksichtigung ihrer Interessen durch die Herausgeber aus einer Expertenperspektive entwickelt. Diesem Vorgehen liegt die Idee zugrunde, dass es sinnvoller ist, herauszufinden, was Interessenten und potenzielle Kandidaten brauchen, statt sie zu fragen, was sie wollen oder was ihnen „gefällt". Die nötige Nähe zu den Zielgruppen blieb allein schon dadurch gewahrt, dass das fünfköpfige Bewertungsteam sich aus angehenden Hochschulabsolventen zusammensetzte. Die Bewertenden sind also gleichzeitig alle auch potenzielle Nutzer der HR-Websites.

Objektivität oder individuelle Beurteilung

Auch der starre Kriterienkatalog bietet Ansatzpunkte für Kritik. Er berücksichtigt nur in geringem Maß den Gesamteindruck einer Karriere-Website. Zudem schlagen sich Merkmale und Besonderheiten, die durch den Katalog nicht abbildbar sind, auch in der Bewertung nicht nieder –egal wie sinnvoll sie sind. Schließlich „schert" ein einheitlicher Kriterienkatalog alle Unternehmen „über einen Kamm", ungeachtet ihrer stellenweise heterogenen Anforderungen an Bewerber, ihrer Struktur und ihrer Kultur. Aufgrund der vorherigen Darlegungen wurde an geeigneten Stellen im Kriterienkatalog (beispielsweise in den jeweiligen (Unter-)Kategorien) vereinzelt eine zusätzliche Heuristik „`Aggregierter Gesamteindruck`" aufgenommen, um über die beschriebene „Starre" des Kriterienkatalogs hinweg zumindest eine Tendenzbewertung abgeben zu können, falls dies notwendig war.

Andererseits reduziert ein solcher Katalog die Subjektivität in der Bewertung auf ein Minimum. Jedes Ranking ist durch dieses Vorgehen bis ins kleinste Detail nachvollziehbar und erklärbar. Eine weitere Begrenzung der Subjektivität wird durch ein Vier-Augen-Prinzip bei der Bewertung der Karriere-Websites und einen sich daran anschließenden „Qualitätssicherungsprozess" erzielt. Konkret bedeutet dies, dass nach Abschluss der ersten Bewertungsrunde die einem jeweiligen Teammitglied zugewiesenen Unternehmen getauscht werden und somit jeweils von einem Korrektur- bzw. Zweitbewerter erneut unter die Lupe genommen werden. Diese Zuweisung erfolgt hierbei anhand des Bewertungsverhaltens eines jeweiligen Teammitglieds. So werden beispielsweise die Unternehmen, die in der Erstbewertung durch ein Teammitglied mit eher kritischem Bewertungsverhalten bewertet wurden in der Korrekturbewertung durch ein Teammitglied mit eher positiven Bewertungstendenzen betreut. Durch einen zusätzlichen Vergleich der Erst- und Zweitbewertungsergebnisse mit den Studienergebnissen des letzten Jahres werden dann abschließend diejenigen Unternehmen ermittelt, die einer weiteren Qualitätssicherung unterzogen werden müssen (z. B. aufgrund hoher Differenzen in den einzelnen Gesamtergebnissen). Somit wird der Einfluss persönlicher Zu- und Abneigungen gegenüber Unternehmen so weit wie möglich ausgeschlossen.

Kriterienkatalog

Überblick Kriterienkatalog

Die Studien-Cluster können grob in die folgenden Kategorien unterteilt werden:

5 %
- Stationäres Web (Web 1.0)
- Web 2.0 | Social Media
- Mobile Media

35 %
- Karriere-/einstiegsspezifische Informationen
- Allgemeine HR-/Arbeitgeber-Informationen
- Stellenangebote
- Aktualität des Informationsangebots
- Mobiles Informationsspektrum

5 %
- Styleguide-Konformität
- Barrierefreiheit
- Seitenstruktur und Textkörper
- Zeit-/webgerechte Aufbereitung

15 %
- Navigationsstruktur
- Links
- Navigationsalternativen
- Mobile Usability

40 %
- Kontaktmöglichkeiten
- Stellenmarkt
- Inhalte des Bewerbungsmoduls
- Funktionen des Bewerbungsmoduls
- Benutzerkonto und Personalisierung
- Online Assessment
- Talent Relationship Management
- Interaktive Karriere-Tools, Web 2.0 und mobile Angebote

Die Beschreibung und inhaltliche Abgrenzung der einzelnen Heuristiken erfolgte unter Zuordnung zu ihren jeweiligen Clustern (und (Unter-)Kategorien, sofern vorhanden). Zum Teil wurden die Heuristiken komplett eigenständig behandelt und somit einzeln erklärt, teilweise wurden sie aber auch in ihrem Verbund in einer (Unter-)Kategorie belassen und im Zusammenhang dargestellt.

Zugang

Stationäres Web (Web 1.0)

Ist die Website durch Eingabe von Variationen des Firmennamens mit unterschiedlichen Top Level Domains erreichbar?

Ein Unternehmen sollte bei der Eingabe sämtlicher denkbarer Domains schnell und einfach auffindbar sein. Die Verwendung der Domain `firmenname.de` hat sich als Standard durchgesetzt. Dabei ist nicht die juristisch korrekte Fassung mit vollständigem Namen und Rechtsform üblich, sondern der Name, wie er im allgemeinen Sprachgebrauch verwendet wird (also z. B. „www.porsche.de" und nicht `www.dr-ing-hc-ferdinand-porsche-ag.de`).

Gelegentlich kommt es vor, dass Variationen von Firmennamen, die noch nicht registriert sind, von Außenstehenden registriert werden, die hoffen, diese teuer an die Unternehmen verkaufen zu können oder den fehlgeleiteten Traffic für ihre Zwecke nutzen zu können („Domain Grabbing"). Einschlägige Urteile versetzen deutsche Unternehmen allerdings in die Lage, die Herausgabe dieser Adressen zu verlangen. Diese Möglichkeit sollte auch genutzt werden, da Variationen der Firmennamen, die zu einem anderen als dem gesuchten Angebot führen, ein schlechtes Licht auf das Unternehmen werfen.

Dieses Kriterium ist besonders wichtig, da es hauptsächlich dafür verantwortlich ist, ob der Nutzer die gewünschten Informationen findet oder nicht.

Gibt es eine eigene (Sub-)Domain für den Karrierebereich?

Für die Werbung in anderen Medien (z. B. in Anzeigen oder auf Veranstaltungen) ist es hilfreich, wenn der Karrierebereich einer Website über eine eigene (Sub-)Domain zu erreichen ist, die einprägsam und leicht zu merken ist. Idealerweise geschieht das in Form einer eigenen und passenden Domain (z. B. `www.karriere-unternehmens-name.de`) oder in Form einer Sub-Domain des Unternehmens (z. B. `karriere.unternehmensname.de`). Selbstverständlich ersetzt dies nicht die Erreichbarkeit des Karrierebereichs über die Corporate-Website des Unternehmens.

Ist der HR-Bereich von der Homepage aus erreichbar?
Idealerweise findet sich der Zugang zum Human Resources-Bereich direkt auf der Homepage eines jeweiligen Unternehmens. Eine eindeutige Namensgebung und auffällige Kennzeichnung des entsprechenden Links ermöglichen das schnelle Auffinden der relevanten Information.

Gerade bei Konsumgüterunternehmen sind die Websites jedoch vor allem auf den Konsumenten als Besucher ausgerichtet. Der Karrierebereich rückt dann schnell in die zweite oder dritte Navigationsebene. Je versteckter der HR-Bereich in die Website eingebunden ist, desto länger dauert jedoch der Suchvorgang und umso größer wird die Gefahr, dass die gewünschten Informationen dem Nutzer nicht vermittelt werden können.

Werden – falls zur Darstellung bestimmter Inhalte benötigt – erforderliche Plugins/Software etc. auch zur Verfügung gestellt?
Falls relevante Teile des Informationsangebots auf der Website nicht mit Hilfe des Browsers allein dargestellt werden können, sondern weitere Software wie z. B. den Adobe Acrobat Reader erfordern, sollten entsprechende Download-Möglichkeiten verlinkt sein. Ist die benötigte Zusatzsoftware nicht bereits auf dem Rechner des Nutzers installiert und wird sie ihm auch nicht angeboten, bleibt ihm der Inhalt an dieser Stelle vorenthalten.

Wurde die Verwendung interner Bezeichnungen und Termini vermieden?
In großen Unternehmen entwickeln sich über Fachtermini hinaus oft eigene Sprachformen, Wortschöpfungen, Abteilungsbezeichnungen u. Ä., die für Außenstehende manchmal schwer oder gar nicht verständlich sind. Bei der Gestaltung externer Kommunikation(smittel/-kanäle) – zu denen auch eine Corporate Website zählt – muss darauf geachtet werden, dass solche internen Bezeichnungen und Abkürzungen nicht in einer Weise verwendet werden, die den Besucher verwirrt oder seine Orientierung und Information beeinträchtigt.

Bietet die Website eine Unterstützung unterschiedlicher Sprachvarianten an?

Bei international ausgerichteten Unternehmen – und diese Eigenschaft kann man den bedeutendsten und personalstärksten Unternehmen in Deutschland wohl in der Regel unterstellen – ist die durchgehend mehrsprachige Gestaltung ihrer Websites angebracht. Dabei genießt neben der deutschen vor allem die englische Version – als internationaler Verständigungsstandard – einen hohen Stellenwert.

Ist der Karrierebereich über Suchmaschinen gut auffindbar?

Manche Kandidaten verwenden auch Suchmaschinen, um das Internet gezielt nach karriererelevanten Informationen sowie konkreten Stellenangeboten zu durchsuchen. Die Webseiten eines Karrierebereichs sollten daher idealerweise so angelegt sein, dass sie von den Suchmaschinen bei entsprechenden Suchanfragen optimal gefunden werden. Konkret sei hier die Suchmaschinenoptimierung (SEO) dieser Bereiche bis hin zu einzelnen Stellenangeboten genannt.

Stellvertretend wurden in dieser Untersuchung mittels der am häufigsten verwendeten Suchmaschine Google verschiedene Suchanfragen jeweils mit dem Unternehmensnamen und den Suchworten „`jobs`", „`karriere`" und „`career(s)`" durchgeführt.

Web 2.0 | Social Media

Gerade für die Generation, die aktuell vor ihrem Berufseinstieg bzw. einem ersten Stellenwechsel steht (Digital Natives, Generation Y), stellen soziale Medien einen fest etablierten Kanal dar, der für diese aus der täglichen Kommunikation und Information nicht mehr wegzudenken ist. Auch für Unternehmen sollte die Nutzung von Web 2.0 als zusätzlicher Kommunikationskanal (ebenfalls für Personalmarketing- und Recruiting-Themen) heutzutage keine Frage mehr sein, kann der Einsatz dieses Kommunikationskanals doch neben vielfältigen anderen Funktionen zumindest in gewissem Maße den Einstiegspunkt für weitere Informationsbemühungen von Interessenten darstellen. Daher wurden die folgenden Heuristiken in dieser Kategorie einer Bewertung unterzogen:

Ist das Unternehmen bei Facebook (Fanpage/Karriere-Page etc.) präsent?

Die Präsenz eines Unternehmens im derzeit bedeutendsten sozialen Netzwerk Facebook stellt einen wichtigen Zugangspunkt zu einem Unternehmen für potenzielle Kandidaten dar. Selbst wenn das Informationsangebot mehr allgemeiner, unternehmens- statt karrierespezifischer Natur ist, findet sich hier ein erster Zugang zum Unternehmen. Noch zielführender ist allerdings die direkte Integration von Stellenangeboten oder gar einem eignen Karriere-/Jobbereich (Job-App), die auch eine gezielte, karrierespezifische Information von potenziellen Kandidaten an dieser Stelle ermöglicht, jedoch über die bloße Schaffung eines Zugangs zu einem potentiellen Arbeitgeber schon hinaus geht.

Ist das Unternehmen bei Twitter präsent?

Neben Facebook eignet sich auch der Microblogging-Dienst Twitter als Kanal für Unternehmen, möglichen Kandidaten den ersten Zugang zum Unternehmen zu ermöglichen. Auch an dieser Stelle kann wieder zwischen allgemeinen und karrierespezifischen Unternehmensinformationen unterschieden werden, wobei diese Unterscheidung für den Zugang zum Unternehmen eine untergeoerdente Rolle spielt und bei der späteren Bewertung der Karriere-Websites von Unternehmen im Cluster Interaktivität erneut aufgegriffen wird.

Ist das Unternehmen bei sozialen Business-Netzwerken (XING, LinkedIn etc.) präsent?

Neben der Präsenz in eher allgemein orientierten, sozialen Netzwerken (hauptsächlich Privatbereich) stellen gerade auch sog. Business-Netzwerke einen wichtigen Einstiegspunkt für potenzielle Kandidaten dar. Aus diesem Grunde sind Profile in den bedeutendsten Business-Netzwerken XING und LinkedIn für Unternehmen ebenso von essentieller Bedeutung, um auch in diesen eher beruflich und karrierespezifisch orientierten Communities auf das eigene Unternehmen (als Arbeitgeber) aufmerksam zu machen und Interessenten einen Zugang zum Unternehmen von dieser Stelle aus zu ermöglichen. Die Ausgestaltung der Unternehmensprofile (allgemeine Unternehmensinformationen, Stellen-Postings etc.) würde an dieser Stelle ebenfalls zu weit führen und findet daher in späteren Clustern erneut Beachtung.

Mobile Media

Existiert eine mobile/für mobile Endgeräte optimierte (Karriere-)Website?

Mit dem Mobile Web ist mittlerweile ein weiterer Kanal zur Ansprache potenzieller Bewerber und damit auch ein neuer Zugang zum Unternehmen bzw. zu Karriereinformationen entstanden. Um diesem neuen Medium gerecht zu werden, sollten Unternehmen für mobile Endgeräte optimierte Websites anbieten. Kleinere Displays und geringere Datenraten gegenüber dem stationären Internet machen es notwendig, die Seiten entsprechend aufzubereiten und an die Nutzungssituation anzupassen. An dieser grundsätzlich vom stationären Gebrauch zu unterscheidenden mobilen Nutzungssituation haben auch immer mehr etablierte Daten-Flatrates sowie die Marktdurchdringung von Smartphones im Kern nichts geändert. Aus diesem Grunde sind deren Eigenheiten im mobilen Nutzungskontext zu beachten.

Existiert eine mobile (Karriere-)Applikation für die mobilen Plattformen (iOS, Android etc.)?

Neben dem Angebot einer mobilen (Karriere-)Website kann auch eine mobile (Corporate- bzw. Karriere-)Applikation den Zugang, die weitere Informationsbeschaffung sowie Interaktion mit einem Unternehmen für potenzielle Kandidaten ermöglichen, wobei gleichzeitig auf Aspekte des mobilen Nutzungskontextes eingegangen wird. Die inhaltliche und funktionale Ausgestaltung über die bloße Existenz einer solchen Applikation hinaus (z. B. Integration von Karriereinformationen, Stellenbörse etc.) wird in späteren Clustern erneut aufgenommen und bewertet.

Information

Karriere-/einstiegsspezifische Informationen

Informationen und Angebote für Schüler | *Gibt es ein umfassendes Informationsangebot für Schüler und Auszubildende?*

Schüler und Auszubildende stellen unter strategischen Gesichtspunkten eine wichtige Zielgruppe dar, da sie bei eventuellen Praktika oder einer Ausbildung eine langfristige Beziehung zum Unternehmen aufbauen. Die Interessen von Schülern und Auszubildenden unterscheiden sich in der Regel stark von denen anderer Zielgruppen; daher sollte es für sie eine eigene Rubrik (abgegrenzten Informationsbereich bzw. Navigationspunkt) geben, um ihnen den Einstieg in die Thematik zu erleichtern.

Für die Zielgruppe der Schüler sind vor allem detaillierte Informationen über `Ausbildungsmöglichkeiten` und `Berufsbilder` für zukünftige Auszubildende von großem Interesse, da sie auf dem Weg der Entscheidungsfindung nicht nur helfen, sondern auch neue Perspektiven eröffnen können. Aber auch Informationen zu anderen Themen wie z. B. zu `Schülerpraktika`, `Exkursionen` und `Veranstaltungen`, `Anforderungen`, `Bewerbungstipps` oder `Unterrichtsmaterialien` wurden überprüft.

Informationen und Angebote für Studenten | *Gibt es Informationen für Studenten?*

Studenten gelten klassisch neben Hochschulabsolventen und IT-Spezialisten als die wichtigste Zielgruppe für die Rekrutierung von Personal über das Internet. Daher sollten spezifische Informationen für diese Zielgruppe angeboten werden.

Zu diesen gehören zum Beispiel Informationen zu `Praktika` und `Projekten` (insbesondere das Thema Vergütung), aber natürlich auch `Abschluss-` und `Doktorarbeiten` sowie Werkstudentenverträge. Des Weiteren sind auch Informationen zu `Stipendien` oder `Hochschulkontakten` denkbar, wenn das Unternehmen solche anbietet. Außerdem sind auch Informationen hinsichtlich `Anforderungen`, `Veranstaltungen` sowie bezüglich zielgruppengerechten `Bewerbungstipps` als bedeutend anzusehen.

Informationen und Angebote für Absolventen | *Gibt es ein umfassendes Informationsangebot für Hochschulabsolventen?*

Hochschulabsolventen sind quasi automatisch Jobsuchende. Sie nutzen das Internet zur Erfüllung dieser Aufgabe intensiv und haben ebenfalls ein spezifisches Informationsbedürfnis, das sie von den anderen Rekrutierungszielgruppen unterscheidet.

Die Zielgruppe der Absolventen sucht vor allem nach Informationen zu den unterschiedlichen Einstiegsmöglichkeiten in ein Unternehmen (wie z. B. `Einstiegspraktika`, `Trainee-Programme` oder `Direkteinstieg`), zielgruppenspezifischen `Anforderungen`, `Bewerbungstipps` sowie (Recruiting-)`Veranstaltungen`. Ein Unternehmen sollte daher für diese Zielgruppe einen eigenen und umfassenden Informationsbereich anbieten.

Informationen und Angebote für Berufserfahrene | *Gibt es ein umfassendes Informationsangebot für Interessenten mit Berufserfahrung?*

Unter die Berufserfahrenen fallen sowohl die „`Young Professionals`", also Hochschulabsolventen, die seit kurzem (i.A. bis zu zwei, maximal drei Jahren) im Berufsleben stehen, als auch noch erfahrenere Jobsuchende wie beispielsweise die `Gruppe älterer Arbeitnehmer` oder auch explizit `Führungskräfte`. Eine getrennte Bearbeitung dieser beiden Gruppen kann in vielen Fällen auf Grund unterschiedlicher Informationsbedürfnisse sinnvoll sein. Eine weitere Schwierigkeit bei dem Aufbau eines spezifischen Informationsangebots für diese Zielgruppe bildet die Tatsache, dass darunter jeweils sowohl `kaufmännische`, als auch `gewerbliche Mitarbeiter` fallen, die ebenfalls eine inhaltlich getrennte Bearbeitung bzw. Information erfordern.

Weitere wichtige Punkte sind hierbei wieder jeweils zielgruppenadäquate Informationen zu `Anforderungen`, `Veranstaltungen` sowie passende `Bewerbungstipps`, die das Informationsangebot an dieser Stelle bereithalten sollte.

Bewerbungsprozess | *Gibt es Informationen zum Online-Bewerbungsprozess?*

Die Heuristiken dieser Kategorie setzten größtenteils voraus, dass ein Online-Bewerbungsmodul vom Unternehmen angeboten wird. Die Informationen zur Bearbeitung des Bewerbungsmoduls sollten beispielsweise beinhalten, wie viel `Zeit` ein Bewerber einkalkulieren muss und ob die Bewerbung durch eine `Speicherung` auch in `mehreren Sitzungen` nach und nach ausgefüllt werden kann. Informationen zum `Bewerbungsablauf` bieten dem Bewerber den Nutzen, dass er sich über `Dauer` und das `Verfahren` der Vorauswahl im Klaren ist und z. B. weiß, wie lange er auf eine erste Rückmeldung seitens des Arbeitgebers warten muss. Dadurch wird zudem auch die Personalabteilung entlastet, da sie weniger verfrühte oder überflüssige Anfragen zu diesem Thema bearbeiten muss.

Informationen zu `Datensicherheit` und `Datenschutz` klären darüber auf, in welcher Weise die persönlichen Daten des Bewerbers bei der Online-Bewerbung geschützt werden. Solche Informationen bauen Ressentiments gegenüber der Bewerbung über das Internet ab. Ein Informationsangebot hinsichtlich des `Allgemeinen Gleichbehandlungsgesetztes` sowie ein Bereich mit Antworten auf häufig gestellte Fragen (FAQs – frequently asked questions) runden diese Kategorie (neben weiteren Punkten) ab.

Lebensumstände | *Gibt es ein Informationsangebot zu Veränderungen der Lebensumstände?*
Ein neuer Job bringt oft auch einschneidende Veränderungen der Lebensumstände mit sich, wobei stellvertretend folgende Heuristiken zur Bewertung herangezogen wurden: Vielleicht die wichtigste Veränderung stellt dabei der `Wohnortswechsel` dar. Eine HR-Website kann hier dem Jobsuchenden eine wichtige Hilfe sein, indem z. B. zu den wichtigsten Standorten Informationen und Ressourcen zu `Wohnungssuche` und `Umzug` angeboten werden. Sofern eine `betriebliche Wohnungsvermittlung` oder `Werkswohnungen` existieren, ist hier dafür natürlich auch der richtige Ort. Für Kandidaten aus dem Ausland kann z. B. auch ein `Lebenshaltungskostenrechner` eine interessante Ergänzung darstellen.

Allgemeine HR-/Arbeitgeber-Informationen

Unternehmenskultur | *Gibt es Informationen zur Unternehmenskultur und -philosophie?*
Neben Informationen zu konkreten Angeboten und Maßnahmen sind für einen potenziellen Bewerber auch Inhalte zur Unternehmenskultur und -philosophie – vor allem bezogen auf die Personalarbeit – interessant. Schließlich sind es diese Leitsätze und Richtlinien, die die Arbeitskultur prägen und an denen sich alle Maßnahmen orientieren.

Überprüft wurden in dieser (Unter-)Kategorie hauptsächlich Inhalte wie Beschäftigungsstandards, Auszeichnungen und Preise sowie Angaben zu Betriebsrat, Arbeitnehmervertretungen und Mitbestimmungsregelungen für Arbeitnehmer hinsichtlich der Weiterentwicklung des Unternehmens. Weitere Themen stellen z. B. Angaben zur Chancengleichheit und Diversity (Cross Culture), aber auch Statements zu Punkten wie Flexibilität und Veränderungsbereitschaft, Innovations- und Wissensmanagement, sowie (Verhaltens-)Leitsätze (Compliance) neben weiteren Punkten dar.

Beschäftigungsbedingungen | *Gibt es ein Informationsangebot bezüglich der Beschäftigungsbedingungen?*
Die Beschäftigungsbedingungen umfassen alle Informationen zum Arbeitsumfeld. Dies beinhaltet hier sowohl die Einsatzbereiche, Standorte und Arbeitszeitmodelle, aber auch Angaben zur Mitarbeiterzufriedenheit. Besonderer Fokus liegt des Weiteren auf Angaben zu Work-Life-Balance-Programmen sowie auf Informationen zur Vereinbarkeit von Familie und Beruf.

Vergütung | *Gibt es Informationen und Angaben zur Vergütung?*
Einen besonders wichtigen Teil der Beschäftigungsbedingungen stellt die Vergütung dar, deswegen werden Informationen hierzu gesondert aufgeführt. Die Vergütungsinformationen werden in der Regel, organisatorisch wie auch kulturell bedingt, weniger konkrete Gehälter und Gehaltsstufen enthalten, als (vielmehr) grundsätzliche Informationen zum Vergütungssystem (wie z. B. leistungsorientierte Vergütung, variable Vergütung) und Informationen zu den Zusatzleistungen (Altersversorgung, Belegschaftsaktien, weitere Benefits).

Weiterbildungs-/Entwicklungsmöglichkeiten | *Gibt es Informationen zu Weiterbildungs- und Entwicklungsmöglichkeiten sowie zu internationalen Karrierechancen?*
Die Weiterbildungs- und Entwicklungsmöglichkeiten sowie die internationalen Karrierechancen sind ebenfalls ein wichtiger Teil der Beschäftigungsbedingungen, die ein Arbeitgeber von sich preisgeben sollte, so dass eine gesonderte Darstellung sinnvoll erscheint. Dieses Thema ist, wie aktuelle Studien zeigen, das wichtigste Auswahlkriterium

für einen Arbeitsplatz in der Wahrnehmung der Jobsuchenden. Aus diesem Grund sollten Unternehmen auch in diesem Bereich detaillierte Informationen zur Verfügung stellen, z. B. zum Arbeiten im Ausland, Corporate University, Führungsdialog, Karriereplanung und Karrieremodelle, Personal- und Führungskräfteentwicklung etc.

Wettbewerbsfähigkeit | *Gibt es ein Informationsangebot zur Wettbewerbsfähigkeit?*

Die wirtschaftliche Lage der vergangenen Jahre hat viele Unternehmen zu Einstellungsstopps oder Personalabbau gezwungen, um ihre Wettbewerbsfähigkeit zu erhalten. Dieses empfindliche Thema wird häufig in der HR-Kommunikation ausgeklammert. Für eine glaubwürdige Arbeitgeberdarstellung ist jedoch ein offensiverer Umgang mit der Thematik, wie Unternehmen ihre Wettbewerbsfähigkeit zu erhalten versuchen, wünschenswert. Im Besonderen wurde hier eine Bewertung der Kommunikation von Informationen hinsichtlich der Erfolgs- und Leistungsorientierung, des Erhalts der Beschäftigungsfähigkeit, dem Umgang mit Personalüberhangmanagement sowie der Organisationsentwicklung und des Changemanagements in Unternehmen vorgenommen.

Corporate (Social) Responsibility | *Gibt es Informationen zur Nachhaltigkeit und gesellschaftlichen Verantwortung?*

Das Thema der Nachhaltigkeit des unternehmerischen Handelns sowie der gesellschaftlichen Verantwortung des Unternehmens als solches spielt gerade in der öffentlichen Diskussion eine stetig wachsende Rolle. Dass diese Themen immer stärker in den Mittelpunkt gerückt sind, liegt beispielsweise an dem wachsenden Bewusstsein hinsichtlich ökologischer Risiken und sozialen Aspekten unternehmerischen Handelns.

In diesem Zusammenhang wurden Informationen zu Themen wie Gefahrenabwehr und Arbeitssicherheit, gemeinnützigem und kulturellem Engagement, Jugendförderung, und Sponsoring genauso betrachtet, wie Informationen zu Arbeitsumgebung, Corporate Governance, Risikomanagement und Ökobilanz. Weiterhin zählen Themen wie Dialog mit der Politik, Gesundheitsfürsorge, Krankenversicherung sowie die Zusammenarbeit mit Lieferanten zu diesem Bereich, da sie einen bedeutenden Einfluss auf die langfristige Unternehmensexistenz haben.

Stellenangebote

Stellenbeschreibung | *Sind die Stellenbeschreibungen aussagekräftig?*

Zunächst sollte eine Stellenbeschreibung – nicht zuletzt aus Gründen der Weiterverwertung und `externen Verlinkbarkeit` (z. B. in Jobbörsen etc.) – `grundlegende Informationen zum Unternehmen` enthalten. Daneben sind die Angabe einer `Job- bzw. Ausschreibungsnummer` zur Vermeidung von Verwechslungen sowie aus Effizienz- bzw. Zuordnungsgründen und der internen Prozessbeschleunigung sowie die Vergabe eines eindeutigen `Jobtitels` unerlässlich.

Eine klare Bezeichnung des Berufsbildes sowie eine umfassende Beschreibung der zu erwartenden Berufsinhalte (`Informationen zum Berufsbild`) ist Voraussetzung dafür, dass die Anzeige auf Anhieb Aufmerksamkeit erregt und vom potenziellen Bewerber verstanden wird (z. B. Ausbildungs-/Arbeitsinhalte etc.). Je deutlicher die Darstellung des Berufsbildes ist, desto weniger „Falschbewerbungen" wird das Unternehmen erhalten. Dies wirkt sich dann wiederum positiv auf Kosten und Kapazitäten aus. Ferner wurden die Stellenbeschreibungen daraufhin überprüft, ob sie Angaben zum `Einsatzort, Einstellungsdatum` und `Aktualitätsangaben` aufweisen. Außerdem floss die Angabe von konkreten `Ansprechpartnern` in den jeweiligen Stellenbeschreibungen mit in die Bewertung ein.

Zuletzt sollte ein Unternehmen natürlich auch die vakanzspezifischen Erwartungen, die es an einen potenziellen Kandidaten stellt, in einer Stellenbeschreibung kommunizieren. Diese Anforderungen werden im folgenden Punkt detaillierter betrachtet.

Anforderungsprofil | *Sind die jeweiligen Anforderungsprofile aussagekräftig?*

Detaillierte Qualifikationsangaben haben den Vorteil, dass sich der Bewerber schon im Vorfeld eine genaue Vorstellung über die ihn erwartenden Aufgaben machen und seine Eignung feststellen kann. Vor allem dann, wenn es um spezialisierte Fachkräfte geht, ist eine umfassende Erläuterung der Tätigkeiten und Anforderungen nicht wegzudenken. Denn auch die Unternehmen sind daran interessiert, solche Bewerber anzusprechen, deren Kompetenz der ausgeschriebenen Stelle möglichst hundertprozentig entspricht.

Daher wurden die Stellenbeschreibungen hinsichtlich des Anforderungsprofils besonders auf Heuristiken wie die Beschreibung der benötigten `Ausbildung` sowie geforderter `Berufserfahrung`, `Fach-/Sprachkenntnisse` und `Eigenschaften` hin untersucht.

Funktionalitäten des Stellenangebots | *Bietet das Stellenangebot Funktionen wie Drucken, Weiterleiten etc. an?*

Neben dem reinen Informationsgehalt einer Stellenbeschreibung sind auch deren weitere Inhalte und Funktionalitäten teils von hoher Wichtigkeit. So hat sich beispielsweise mittlerweile für Stellenangebote im Internet eine Reihe von Standardfunktionalitäten entwickelt, die dem Bewerber die Übersicht und Verwaltung der für ihn interessanten Jobs erleichtert. Drei davon wurden in dieser Studie einer Bewertung unterzogen.

Zum einen die `Druckmöglichkeit` des Stellenangebotes: Hier genügt es nicht, wenn das Stellenangebot grundsätzlich in einem druckfähigen Format vorgehalten wird. Ein entsprechender Link oder Button, der darauf aufmerksam macht, wurde von uns vorausgesetzt.

Zweitens die `Weiterleitungsfunktion` (auch: „forward to a friend"): Sie ermöglicht das einfache Weiterleiten eines Stellenangebotes an eine E-Mail-Adresse (z. B. eines Freundes, für den das Angebot interessant sein könnte). Häufig wird diese Funktion aber auch genutzt, um sich selbst das Stellenangebot in den Posteingang zu schicken (vgl. Share- und Social-Plugins).

Und schließlich die `Bewerbungsmöglichkeit` – eigentlich eine Selbstverständlichkeit, aber doch nicht in allen Fällen vorhanden. Wenn es einen Online-Stellenmarkt und ein Online-Bewerbungsmodul gibt, dann sollte das Bewerben natürlich direkt vom Stellenangebot aus möglich sein.

Aktualität des Informationsangebots

Sind die HR-Websites insgesamt aktuell und gibt es aktuelle Informationen zu HR-Themen?

Eine Website, die – gerade im Bereich „Neuigkeiten" – Informationen präsentiert, die einen abgelaufenen Zeitbezug aufweisen oder die anderweitig offensichtlich bereits vor geraumer Zeit eingestellt wurden, wirkt nachlässig gepflegt und wenig attraktiv, was unabhängig von der Zielgruppe ein schlechtes Bild auf das Unternehmen wirft. Gerade das Informationsangebot von HR-Websites sollte daher unbedingt `regelmäßig aktualisiert` und die Inhalte `permanent gepflegt` werden. In dieser Kategorie wurde daher überprüft, wie aktuell die Informationen zu HR-Themen im Allgemeinen sind. Das Anbieten von `Newslettern/Newstickern`, eines `HR-Pressespiegels` und `RSS-Feeds` zeigt beispielsweise, dass ein Unternehmen bemüht ist, interessierten Nutzern permanent aktuelle Informationen zukommen zu lassen.

Mobiles Informationsspektrum[2]

Bietet das Unternehmen mobile, allgemeine Personalmarketing bzw. HR-Informationen an?

Nutzt ein Unternehmen zusätzlich den mobilen Kanal für die HR-Kommunikation mit Interessenten sowie die Ansprache potenzieller Bewerber, sollte die hierzu verwendete mobile Karriere-Website bzw. karrierespezifische mobile Applikation zumindest grundlegende, allgemeine Personalmarketing- und HR-Informationen bereit stellen. Hierzu zählen – genau wie im stationären Bereich, allerdings für den mobilen Nutzungskontext angepasste – Inhalte zum Unternehmensprofil (z. B. auch Arbeitgeberinformationen, aktuelle Konzerninformationen etc.) sowie zur Kultur des Arbeitgebers und ähnliche Inhalte. Ebenfalls die Beschreibung von Beschäftigungsbedingungen eines Unternehmens und die Darstellung von Entwicklungsmöglichkeiten sollte einem Interessenten auch auf dem mobilen Kanal nicht vorenthalten werden.

---

[2] Die Untersuchung der zur Verfügung gestellten Inhalte bezieht sich sowohl auf mobile Karriere-Websites, als auch auf mobile, karrierespezifische Applikationen.

Bietet das Unternehmen mobile karriere- und zielgruppenspezifische Bewerberinformationen an?
Neben diesen eher allgemein gehaltenen Inhalten sind gerade auch die konkreten, karrierespezifischen Informationen von großem Interesse und sollten aus diesem Grunde ebenfalls Bestandteil des mobilen Informationsspektrums sein. Konkret sind hierunter beispielsweise Informationen zum Bewerbungsprozess als solchem zu verstehen. Aber auch zielgruppenspezifische Einstiegsinformationen und -angebote sowie die Darstellung verschiedener Karrieremöglichkeiten in einem Unternehmen sollten über den mobilen Kanal (mobile Karriere-Website oder Mobile Recruiting-Applikation) abgedeckt werden. Zuletzt wurde das Angebot von Verlinkungen zu weiterführenden (an geeigneten Stellen auch durchaus stationären) Informationen bewertet.

Existieren mobile Stellenangebote mit einer grundlegenden Stellenbeschreibung?
Über die allgemeinen und karrierespezifischen Informationen hinaus wird auch die Zahl der Nutzer mobiler Endgeräte immer größer, die sich über konkrete Vakanzen informieren wollen – das Angebot eines Stellenmarktes (unternehmenseigene Jobbörse) auf der mobilen Karriere-Website bzw. in der Mobile Recruiting-Applikation erfüllt an dieser Stelle genau diesen Bedarf.

Die mobilen Stellenangebote sollten hier dem Nutzer eine an die mobile Nutzungssituation angepasste, allerdings trotzdem so weit wie nötig detaillierte Stellenbeschreibung bieten. Als typische Inhalte einer solchen Beschreibung sind beispielsweise Angaben zum Beruf wie die Erläuterung des Berufsbildes mit Aufgabenfeldern und Einsatz- und Beschäftigungsorten, aber auch Informationen zum Anforderungsprofil wie z. B. geforderte Eigenschaften, Sprach- und Fachkenntnisse sowie die Berufserfahrung anzusehen. Des Weiteren sind wichtige Informationen in der mobilen Vakanzbeschreibung administrative Angaben zu Bewerbungsfristen bzw. zum Einstellungstermin, zur Vertragsart sowie zum Beschäftigungsverhältnis genauso wie zu Arbeitszeiten und zum möglichen Gehalt. Abschließend wurde an dieser Stelle die Angabe von Kontaktinformationen in den Stellenbeschreibungen für spezifische Vakanzen, beispielsweise die Nennung von Servicehotlines und konkreten Ansprechpartnern, aber auch von Telefonnummern und E-Mail Adressen für eine schnelle, mobile Kontaktanbahnung bewertet.

Design

Styleguide-Konformität | *Gibt es einen klar erkennbaren, sinnvollen Styleguide?*

Mit vielen der hier untersuchten Unternehmen verbinden die meisten Bewerber ein bestimmtes Unternehmensimage, das durch die Unternehmenskommunikation und die Produkte bestimmt wird. Die Karriere-Website eines Unternehmens sollte einen hohen Wiedererkennungswert haben und diesem Image entsprechen. Dazu gehören neben der Orientierung am allgemeinen Corporate Design (`Logos`, `Schriften`, `Farben`, etc.) auch `redaktionelle Vorgaben` zur `Textgestaltung` bzw. die Tonalität der Ansprache und ein `konsistentes Bildkonzept` bei der Auswahl von Gestaltungselementen. Wichtig ist darüber hinaus auch, dass die `Struktur` und der `Stil` einzelner Webseiten innerhalb des Karrierebereichs auch in `tieferen Ebenen` sowie in `interaktiven Bereichen` mit dem allgemeinen Design `konsistent` bleiben (z. B. Schriftarten, Seitenaufteilung/Raster, Farbpalette etc.), damit dem Nutzer eine leichtere Informationsaufnahme ermöglicht wird und Irritationen vermieden werden.

Barrierefreiheit | *Genügt die Karriere-Website grundsätzlichen Anforderungen an Accessibility und Barrierefreiheit?*

Um sicher zu gehen, dass jeder Nutzer die HR-Website eines Unternehmens möglichst vollständig nutzen kann, müssen Barrierefreiheit und Accessibility gewährleistet sein. Darunter versteht man die Nutzbarkeit mit unterschiedlichen Endgeräten und Softwareprodukten – ein Thema, das nicht zuletzt auch für Menschen mit Sehbehinderungen entscheidend ist.

Das Thema Accessibility und Barrierefreiheit bietet genügend Stoff für eine eigene Studie mindestens desselben Umfangs wie dem der Vorliegenden. Wir haben uns an dieser Stelle auf zwei der grundsätzlichsten Anforderungen beschränkt: Die `Darstellbarkeit` der Website mit `unterschiedlichen`, gängigen `Bildschirmauflösungen` sowie mit verschiedenen `Browsern` bzw. Browserversionen zum einen und die `Zugänglichkeit für Sehbehinderte` (z. B. `variable Schriftgrößen`, `Vorlesefunktion` etc.) zum anderen.

Seitenstruktur und Textkörper | *Sind die einzelnen Webseiten und Texte gut lesbar formatiert und strukturiert?*

Um dem Besucher einer Karriere-Website eine einfachere Verarbeitung der zur Verfügung gestellten Informationen zu ermöglichen, gilt es, mehrere Kriterien für eine übersichtliche Darstellung zu erfüllen.

Dazu gehören die `gute Erfassbarkeit` und `Erkennbarkeit` von Texten und Illustrationen (z. B. durch eine `klare Aufteilung` der `Bildschirmfläche` in globale/lokale Navigation, Inhalte etc.) ebenso wie `gut strukturierte Textkörper` und eine `gut lesbare Schrift`. Weiterhin gilt es, das Scrolling-Verhalten einer Website genau zu kontrollieren. `Vertikales Scrolling` sollte nur mit Bedacht in nicht vermeidbaren Situationen („Daumenregel": fünf bis maximal sieben vertikale Scroll-Vorgänge), `horizontales Scrolling` dagegen überhaupt nicht eingesetzt werden, da dieses bei den Nutzern mehr einen fehlerhaften Quellcode, als einen absichtlichen Einsatz vermuten lässt und die Nutzerfreundlichkeit einer Webseite stark einschränkt. Ebenfalls sollten neue `Browser-Fenster` bzw. `Tabs` nur an geeigneten Stellen bzw. „Interaktionsbrüchen" verwendet werden.

Zeit-/webgerechte Aufbereitung | *Sind die Inhalte – stilistisch und (medien-) technisch – webgerecht und „zeitgemäß" aufbereitet?*

Das Internet ist ein eigenes Medium und stellt andere Anforderungen an die Aufbereitung von Inhalten als z. B. Printmedien, bei denen das Leseverhalten gänzlich anders ist. Diese Tatsache ist besonders zu beachten, wenn Inhalte aus Printmedien für das Internet übernommen werden sollen.

Gerade auch die Zielgruppe potenzieller Kandidaten (meist jüngere Internetnutzer) ist es gewohnt, dass auf einer Website nicht nur textbasierter Inhalt abrufbar ist, sondern dieser mit Videos und anderen, sinnvollen `multimedialen/audiovisuellen Elementen` unterstützt wird. Die Ansprüche an die Selbstdarstellung eines Unternehmens sind dementsprechend hoch. Unternehmen sollten mit der Zeit gehen und ihre Website an die neuen technischen Möglichkeiten und vor allem das geänderte Nutzungs-/Informationsverhalten anpassen.

Die Aufbereitung der Inhalte muss dabei nicht nur technisch – also z. B. hinsichtlich `Bild-/Videoqualität` und `-größe`, `Trennung von Struktur/Form und Inhalten, Download-Möglichkeit weiterführender` und umfangreicher `Informationen` (beispielsweise als PDF) etc. – an das Internet angepasst sein. Ebenso wichtig ist, dass die Inhalte selbst und die Inhaltsaufbereitung webgerecht sind. Das betrifft sowohl eine `angemessene Informationstiefe` und `-breite`, die `verwendete Sprache, Aufteilung` und den `Umfang von Texten`, als auch die Wahl der `Stilmittel` (z. B. Interviews, Testimonials).

Navigation & Usability

Navigationsstruktur | *Ist die Navigationsstruktur der Karriere-Website schlüssig und konsistent?*

Hinsichtlich Tiefe und Breite der Navigation gilt es aus Unternehmenssicht, ein angemessenes, sinnvolles Mittelmaß zu finden. Eine zu tiefe Navigation verwirrt den Besucher einer Website unnötig und erschwert ein Vor- oder Zurückspringen auf andere Webseiten. Eine zu breite Navigation erschwert hingegen die ganzheitliche Erfassung der angebotenen Bereiche und führt ebenfalls zu Verwirrung. Idealerweise sollte eine Website so aufgebaut sein, dass sie vier bis sieben Hauptmenüpunkte und maximal drei Ebenen enthält. Dies erlaubt eine schnelle und einfach erfassbare Navigation.

Im Internet haben sich gewisse Standards durchgesetzt, die dem Betrachter eine bessere Erfassung der dargebotenen Informationen ermöglichen. Dies kann zwar von Mensch zu Mensch unterschiedlich sein, orientiert sich aber an grundsätzlichen kognitiven Wahrnehmungsregeln. Das Hauptmenü sollte derart gestaltet sein, dass der Nutzer sofort einen intuitiven Überblick über das Angebot und die Struktur der gesamten Website erhält. Je nach Aufbau der Website können verschiedene Ansätze sinnvoll sein. Ein üblicher Ansatz sind zum Beispiel Hauptmenüs, die bei Berührung der Maus oder per Mausklick tiefere Navigationsebenen preisgeben und somit eine selektive Informationsauswahl ermöglichen. Häufig werden horizontale Menüleisten am oberen und unteren Bildschirmrand sowie vertikale Menüleisten rechts und links vom eigentlichen Inhalt der Website verwendet. Symbole unterstützen dabei die Verständlichkeit von Navigationselementen.

Jeder Besucher, der eine Website besucht, hat unterschiedliche Vorstellungen von Aufbau und Navigationsmöglichkeiten. Daher gilt es für einzelne Unternehmen, die Struktur konsequent an den jeweiligen Zielgruppen auszurichten, statt nur eine Abbildung der Organisationsstruktur vorzunehmen. Dabei gibt es ganz unterschiedliche Möglichkeiten, die Interessenten in Gruppen einzuteilen, um daraus eine Zielgruppe zu definieren. Prinzipiell kann dies nach Alter, Bildungsstand, Internetaffinität und vielen anderen Kriterien erfolgen. Hier kann also keine Ideallösung, sondern nur eine dem Nutzer am besten angepasste Lösung gefunden werden.

Im Laufe der Zeit haben sich außerdem eine Reihe von `Webdesign-Konventionen` bzw. Best Practices im Internet durchgesetzt. Bestimmte Funktionen finden sich immer wieder an derselben Stelle. Ein typisches Beispiel ist die Hauptnavigation, die fast immer oben oder auf der linken Seite einer Website untergebracht ist. Auch sehr verbreitet ist das Firmenlogo in der oberen linken Ecke, welches gleichzeitig zurück zur Homepage verlinkt. Diese Konventionen erleichtern dem Nutzer den Umgang mit unbekannten Websites und nehmen ihm das „Nachdenken" und „Erlernen" ab, indem sie erwartungskonform den Nutzungsgewohnheiten entsprechen. Websites sollten sich in der Regel an diesen Konventionen orientieren, bzw. nur dann mit Ihnen brechen, wenn es einen guten Grund dafür gibt.

Oftmals gibt es `inhaltliche Überschneidungen` des HR-Bereiches einer Website mit anderen Bereichen, z. B. mit den allgemeinen Unternehmensinformationen, den Informationen zur Nachhaltigkeit oder dem Bereich Investor Relations. An diesen Punkten ist es oft die sinnvollste Lösung, die Inhalte nicht redundant in beiden bzw. allen betroffen Bereichen anzulegen, sondern nur an einer Stelle und dann `sinnvoll` auf diese zu `verlinken` (Crossverlinkungen).

Damit sich ein potenzieller Besucher einer Karriere-Website optimal orientieren kann, sollte die `aktuelle Navigationsebene` stets `nachvollziehbar` bleiben. Dadurch ist es dem Nutzer möglich, die Struktur der Website intuitiv aufzunehmen, was die Navigation durch das gesamte zur Verfügung stehende Informationsangebot vereinfacht. Ein üblicher Ansatz ist es, die einzelnen Ebenen entlang eines Balkens (sog. Breadcrumb-Navigation) abzubilden oder die Navigationsebenen mittels eines Farbleitsystems zu verdeutlichen (beispielsweise den aktuellen Navigationspunkt farblich hervorheben etc.). Auch die `übergeordneten Navigationsebenen` sollten dabei `stets erreichbar` bleiben, da deren Kenntnis für den Überblick von großer Bedeutung ist und hilft, unnötige Klick-Vorgänge und Zwischensprünge zu vermeiden.

Links | *Sind die Links gut erkennbar, verständlich und erwartungskonform?*

Links führen den Benutzer durch eine Website und sollten aufgrund dieser zentralen Funktion immer `gut erkennbar` sein. Damit es dem Benutzer intuitiv möglich ist, diese auf einen Blick zu identifizieren, sollten sie `einheitlich gestaltet` sein und sich von der übrigen Schrift abheben. Dies bezieht sich sowohl auf die Schriftart und -größe, als auch auf die verwendete Farbe. Unabhängig davon sollte dieser aber auch eine gewisse `Aussagekraft` besitzen. Dem Benutzer muss durch die `Kennzeichnung`, sei es durch ein Symbol oder durch Schrift, die dahinter liegende Information bereits antizipierbar sein. Nur so wirkt auch für ihn die gesamte Navigation logisch und schlüssig.

Navigationsalternativen | *Werden alternative Navigationshilfen angeboten?*

Wenn der Inhalt einer Website sehr umfangreich ist, ist es notwendig, Navigationshilfen bereitzustellen, um das Finden spezifischer Informationen zu beschleunigen und zu erleichtern. Hier bieten sich verschiedene Ansätze an, die möglichst parallel zueinander angeboten werden sollten.

Ein Ansatz hierbei ist die `Sitemap`. Diese stellt eine graphische Abbildung der gesamten Website dar. Die Darstellungsform reicht von einfachen Hierarchiebäumen bis hin zu graphischen Metaphern. In jedem Fall kann sie den Suchvorgang erleichtern und das Auffinden der relevanten Informationen beschleunigen.

Ein weiterer Ansatz ist die `Verschlagwortung` von Inhalten, auch `Tagging` genannt. So kann der User durch sinnvolle Verweise auf ähnliche und/oder weiterführende Themen zugreifen, ohne lange danach suchen zu müssen. Durch die Darstellung von Schlagworten (Tags) in einer so genannten `Tag Cloud` wird dieser Zugriff noch erleichtert.

Schließlich sollte eine `Volltextsuche` zur Verfügung stehen, damit Informationen durch die Eingabe geeigneter Begriffe schnell gefunden werden können. Diese Suchfunktion sollte sich auf sämtliche Inhalte beziehen und nicht auf eine vorhandene Indexdatenbank oder gar nur auf die Stellenangebote beschränkt bleiben. Gerade bei umfangreichen Websites oder bei längeren Dokumenten sind Suchfunktionen eine angenehme, wenn nicht unentbehrliche Funktion.

Mobile Usability | *Inwieweit werden mobile Usability-Richtlinien von den mobilen Karriere-Websites bzw. Mobile Recruiting Applikationen unterstützt??*

Gerade um dem mobilen Nutzungskontext gerecht zu werden, sind neben den Inhalten und Funktionen von mobilen Angeboten besonders auch Heuristiken aus dem Bereich der mobilen Usability von Unternehmen zu beachten. So sind neben den zuvor beschriebenen Usability-Richtlinien für das stationäre Web für eine gelungene mobile Bewerberansprache anknüpfend an die Erklärung aus der Cluster-Kurzbeschreibung besonders die im Folgenden dargestellten Heuristiken von Unternehmen zu beachten und in dieser Auflage der Studie einer Bewertung unterzogen worden.

Für eine gezielte mobile, karrierespezifische Interessentenansprache sollte der mobile Kanal – sei es in Ausgestaltung einer mobilen Karriere-Website oder einer Mobile Recruiting-Applikation – `bekannte Bedienprinzipien und -elemente` verwenden, die Nutzer beispielsweise aus Standardapplikationen der verschiedenen mobilen Betriebssystemplattformen kennen (z. B. iOS, Android etc.), um einem potenziellen Anwender den Einstieg und die Orientierung zu erleichtern und dadurch Nutzungshürden so gering wie möglich zu halten. An dieser Stelle sei kurz darauf hingewiesen, dass sich hier speziell Tools wie PhoneGap, Titanium Mobile, jQuery Mobile und andere anbieten, da diese jeweils eine Entwicklung „from scratch" vermeiden.

Unternehmen, die den mobilen Kanal erschließen und somit das (Informations-)Angebot ihrer stationären Karriere-Website erweitern wollen, sollten nicht einfach sämtliche Inhalte und Funktionen dieser übernehmen, sondern sich auf die wesentlichen, einen potenziellen Nutzer in der mobilen Nutzungssituation auch interessierenden Inhalte, beschränken (`Reduzierung der Inhalte`) und dadurch den durch endgeräteseitige Limitierungen vorhandenen, `geringen Platz` auf den Displays bestmöglich nutzen. Grundsätzlich bietet sich die Etablierung eines „`Ein-Spalten-Layouts`" an, das horizontales Scrolling vermeidet und vertikales nur an geeigneten Stellen einsetzt. Weiterhin sind hierbei große Freiräume zu umgehen, außerdem sind dem Nutzer wirkliche Mehrwerte zu bieten, die das stationäre Angebot erweitern und von diesem nicht abzudecken sind (vgl. auch die noch folgenden Erläuterungen). Durch solche Angebote können Unternehmen gleichzeitig eine Verlagerung auf das stationäre Web aufgrund fehlender Nutzungsanreize vermeiden.

Bei der Umsetzung der mobilen Bewerberansprache ist außerdem auf die Verwendung sog. klarer „Call to Action-Elemente" zu achten, was bedeutet, dass die Interaktionselemente der mobilen Karriere-Website bzw. der Mobile Recruiting-Applikation darauf auszurichten sind, mittels den Fingern bedienbar zu sein. Sie erfordern eine klare Hervorhebung und müssen sich im mobilen Nutzungskontext einem potenziellen Interessenten geradezu aufdrängen, um eine fehlerfreie Funktionsweise zu gewährleisten und somit Nutzungsproblemen beim mobilen Einsatz vorzubeugen. Während der Interaktion mit dem mobilen Angebot sollte der Nutzer ein klares Feedback bekommen (z. B. Ladevorgänge, Hervorhebung betätigter Buttons etc.), deshalb wurde in dieser Auflage der Studie auch bewertet, inwiefern das mobile Angebot den Nutzer in der Bedienung unterstützt (z. B. Minimierung von einzugebendem Text, automatisierte Treffervorschläge etc.).

Abschließend fand in dieser Kategorie auch eine Überprüfung der von den Unternehmen zur Verfügung gestellten, mobilen Angebote hinsichtlich ihrer Unterstützung nativer Gerätefunktionalitäten statt. Durch die Nutzung dieser gerätespezifischen Funktionen (z. B. automatische Lagebestimmung, Beschleunigungssensoren, Location Based Services durch Standortbestimmung mittels GPS etc.) können Unternehmen sich mit ihrem mobilen Kommunikationskanal vom stationären Webangebot abheben und dadurch potenziellen Interessenten den schon oben erwähnten Mehrwert in der Nutzung bieten. Einem Nutzer können beispielsweise durch automatisierte Positionserkennung, durch Ermöglichung der Nutzung innovativer Eingabemethoden wie QR-Codes oder durch „click-to-call-links" vielfältige Aufgaben vereinfacht werden. Ebenfalls wurden die angebotenen Personalisierungsmöglichkeiten einer Bewertung unterzogen.

Interaktivität

Kontaktmöglichkeiten

Gibt es für den HR-Bereich eine allgemeine Kontaktmöglichkeit wie z. B. Ansprechpartner, persönliche E-Mail-Adressen, Telefon- und Faxnummern, Kontaktformulare etc.?

Neben Ansprechpartnern zu spezifischen Job Angeboten ist es für Bewerber nützlich, auch einen allgemeinen Ansprechpartner für alle Personalfragen in einem Unternehmen genannt zu bekommen. Hierbei ist es von wesentlicher Bedeutung, dass auch relevante Kontaktmöglichkeiten zur Verfügung stehen. Wird beispielsweise nur eine postalische Adresse angezeigt, ist es dem Interessenten kaum möglich, kurzfristige Fragen zu klären. In jedem Fall sollte daher mindestens ein Kontaktformular bzw. eine E-Mail-Adresse angeboten werden. Steht zudem noch eine Faxnummer, Telefonnummer oder Hotline auf der Website, hat der Benutzer ausreichend Möglichkeiten, bei eventuellen Fragen mit dem entsprechenden Mitarbeiter in Verbindung zu treten.

Werden in den Stellenangeboten stellenspezifische Ansprechpartner genannt?

Damit der Bewerber darüber hinaus die Möglichkeit hat, auch spezifische Fragen zu einzelnen Stellenangeboten direkt an die richtigen Personen zu stellen, ist es aus Nutzersicht wünschenswert, einen Ansprechpartner für jeweils offene Vakanzen genannt zu bekommen. Von Unternehmensseite wird somit auch eindeutig kommuniziert, dass die Online-Bewerbung gleichrangig mit der Bewerbung auf klassischem Wege behandelt wird.

Wie zeitnah und kompetent werden Anfragen per Kontaktformular/E-Mail beantwortet?

Auch wenn die meisten Unternehmen auf ihrer HR-Website eine Kontakt-E-Mail-Adresse für Bewerber angeben, die Fragen zum Unternehmen oder zum Bewerbungsprozess haben, ist es jedoch mit dem bloßen Einrichten einer E-Mail-Adresse alleine nicht getan. Stellt ein Bewerber oder Interessent eine Anfrage, erwartet er natürlich auch eine zeitnahe und kompetente Rückmeldung. Eine Voraussetzung hierfür sind klar definierte Prozesse und Verantwortlichkeiten, damit jede Anfrage den richtigen Ansprechpartner erreicht und unmittelbar beantwortet werden kann. Ist beispielsweise einer der zuständigen Mitarbeiter im Urlaub oder krank, muss es eine vordefinierte Regelung hinsichtlich der entsprechenden Vertretung für die Beantwortung von Anfragen geben.

Unter diesem Kriterium wurde untersucht, wie schnell und kompetent eine Rückantwort auf eine Testanfrage durch das Bewertungsteam erfolgte. Eine detaillierte Auswertung findet sich hierzu im Abschnitt „Untersuchung der Abwicklungsprozesse" auf Seite 141.

Stellenmarkt

Schnellsuche | *Ist eine sinnvolle Schnellsuche im Stellenmarkt umgesetzt?*

Unter diesem Gesichtspunkt wurde untersucht, inwiefern die HR-Websites der Unternehmen eine Schnellsuche zur Verfügung stellten und ob diese auch `innerhalb des Karrierebereichs` stets `problemlos erreichbar` war. Weiterhin sollte von der Schnellsuche aus ein `direkter Zugang` zur `erweiterten Suche` angeboten werden. Findet ein Interessent zu einer Suchabfrage keine oder zu viele Angebote, kann er somit die Suchkriterien präzisieren.

Erweiterte Suche | *Gibt es im Stellenmarkt eine erweiterte suche, über die Stellenangebote unter anderem auch nach bestimmten Suchkriterien durchsucht werden können?*

Die in dieser Studie untersuchten Unternehmen haben i.d.R. so viele offene Positionen, dass das Ablegen der Stellenangebote in einer Datenbank und die Möglichkeit, diese systematisch zu durchsuchen, unumgänglich sind. Die Stellenangebote sollten daher nach mehreren Kriterien einzeln und in Kombination zueinander abgefragt werden können. Hierbei wurde beispielsweise auf Suchkriterien wie `Einstiegslevel`, `Funktionsbereich` (z. B. Personal, Marketing, Controlling etc.), `Unternehmensbereich/Tochtergesellschaften` (denn gerade bei großen Konzernen mit mehreren angeschlossenen Unternehmen stellt die Integration der Stellenangebote von Tochterunternehmen für Bewerber eine Erleichterung dar, da nicht zusätzlich sämtliche Karriere-Websites der Untergesellschaften nach Vakanzen durchsucht werden müssen…), `Zeitraum` der `Angebotsveröffentlichung` und `Einstiegszeitpunkt` Wert gelegt. Weiterhin ist von Interesse, ob man die `Art der Stelle` (Vollzeit, Teilzeit, Befristung) sowie den `Standort` (Stadt, Region, Land) genauer definieren konnte.

Neben der Suche nach Stellenangeboten anhand von festgelegten Kriterien besteht auch die Möglichkeit, Suchfunktionen anzubieten, bei denen der Interessent ein frei gewähltes Wort wie z. B. „Marketing", „Praktikum" o.ä. eingibt und alle Stellenangebote ausgegeben werden, die dieses Wort enthalten. Diese sogenannte `Volltextsuche` über die Stellenangebote ist heutzutage ein Grundbestandteil jeder umfangreicheren Suchfunktion eines Bewerbungsmanagementsystems.

Außerdem wurde in dieser (Unter-)Kategorie noch untersucht, ob `sinnvolle Verweise` zu vergleichbaren Vakanzen des Unternehmens innerhalb eines jeweiligen Stellenangebotes angeboten werden, die dem Nutzer die Möglichkeit bieten, sich thematisch oder in der Funktion ähnelnde Stellen anzeigen zu lassen. Das kann sich auch am Nutzungsverhalten anderer User orientieren, wie man es z. B. vom Online-Versandhandel kennt („User, die sich dieses Angebot angeschaut haben, interessierten sich auch für…").

Suchergebnisliste | *Ist die Suchergebnisliste aussagekräftig und flexibel bzw. funktional anpassbar?*

Für einen Bewerber, der sich bei einem großen Unternehmen bewirbt, ist es in erster Linie wichtig, anhand der Suchfunktion eine übersichtliche und selektive Darstellung der in Frage kommenden Jobs zu erhalten. Untersucht wurde in diesem Zusammenhang daher die `Aussagekraft` der `aufgelisteten Suchergebnisse` (z. B. hinsichtlich der Nennung eines Jobtitels, Ortes, Kurzzusammenfassung der Vakanz schon in Suchergebnisliste etc.), die Möglichkeit der `Sortierbarkeit` der `Ergebnisse` nach unterschiedlichen `Suchkriterien` sowie die `Formatierbarkeit` (z. B. Anzahl anzuzeigender Stellen) und `Filterbarkeit` der Liste (z. B. Funktion „Suche verfeinern"). Weiterhin floss in die Bewertung ein, ob die `Möglichkeit` in der Suchergebnisliste bestand, `ähnliche Stellenangebote` zu `finden` sowie die `Suchkriterien` aus der Ergebnisliste `direkt als Job-Agent zu speichern`.

Jobagent | *Gibt es eine Abonnement-Funktion für passende Stellenangebote?*

Der Blick auf einen Stellenmarkt vermittelt nur eine Momentaufnahme der aktuellen Vakanzen eines Unternehmens. Um sich regelmäßig zu informieren, muss der Bewerber immer wieder auf die den Stellenmarkt des Unternehmens zugreifen und sich interessante Angebote heraussuchen. Da Interessenten aber unter Umständen nicht permanent die HR-Website eines Unternehmens aufsuchen werden, bietet sich der Einsatz von sogenannten Jobagenten an. Ein Bewerber hinterlegt in einem solchen `Abonnementsystem` einmal sein Profil ein und erhält dann `regelmäßig relevante Stellenangebote` bequem per E-Mail oder per RSS-Feed. Bei ausgereifteren Systemen kann der Nutzer zusätzlich bei der E-Mail-Benachrichtigung noch zwischen Sofortbenachrichtigungen oder Zusammenfassungen mit wahlfreiem Rhythmus wählen. Zudem bieten manche Jobagenten auch eine Benachrichtigung über mobile Endgeräte an.

Inhalte des Bewerbungsmoduls

Eine HR-Website muss potenziellen Kandidaten nicht nur die Möglichkeit bieten, sich umfassend über das Unternehmen und karrierespezifische Themen sowie offene Vakanzen zu informieren. Heute kann es als „Muss" angesehen werden, dass Interessierte sich auch direkt online auf ein Stellenangebot bewerben können. Sofern ein solches Online-Bewerbungssystem vorhanden war, wurde dieses hinsichtlich seiner Inhalte und Funktionalitäten überprüft.

Adresse und Kontakt | *Ist es möglich, ein Bewerberprofil mit Stammdaten im Bewerbungsformular anzulegen?*
Bei der Eingabe eines umfassenden Bewerberprofils im Bewerbungsformular sollten im Idealfall zunächst die vollständigen Kontakt- und Stammdaten eines Bewerbers abgefragt werden (z. B. Kontaktadresse, Telefon, E-Mail-Adresse etc.).

Schulbildung | *Ist es möglich, seine Schulbildung durch Eingaben im Bewerbungsformular sinnvoll zu dokumentieren?*
Weiter sollte es einem Bewerber ermöglicht werden, Angaben zu seiner schulischen Bildung machen zu können. Beispielhaft seien hier Angaben wie besuchte Schulen, angestrebte oder den höchsten, erreichten Abschluss, Notendurchschnitt sowie Noten in relevanten Fächern genannt.

Berufsausbildung(en) | *Ist es möglich, seine Berufsausbildung(en) durch Eingaben im Bewerbungsformular sinnvoll zu dokumentieren?*

Zu der Erstellung eines umfassenden Bewerberprofils ist natürlich auch die Möglichkeit hinzuzurechnen, bereits absolvierte `Berufsausbildung(en)` detailliert zu beschreiben. Dies stellt eine Basisanforderung an ein solches System dar. Daher sollte das Online-Bewerbungssystem die Auswahl bzw. Erfassung von `Ausbildungsberuf` und `-betrieb`, `Branche`, `Ort/Land`, `Dauer/Zeitraum`, `Note` und – falls gegeben – einer `Zusatzausbildung` ermöglichen. Des Weiteren wurde hier geprüft, ob `mehrere Berufsausbildungen` angelegt werden konnten.

Studium | *Ist es möglich, sein Studium durch Eingaben im Bewerbungsformular sinnvoll zu dokumentieren?*

Was für die Berufsausbildung gilt, gilt in ähnlichem Maße für ein Hochschulstudium. Eine umfassende Dokumentation des bisherigen Studienverlaufs, des `Studienfachs` bzw. der `Studienrichtung`, der erreichten `Noten` und des `voraussichtlichen Studienendes` gehört hier zu den Standardvoraussetzungen. Damit sich die Personalabteilung ein ganzheitliches Bild der Bewerber machen kann und diese ihrerseits ihre Qualifikationen vollständig angeben können, sollten auch Angaben zur `(Fach-)Hochschule` und zum `(Fach-)Hochschulort` sowie zur `Art des Abschlusses`, `Dauer` und zum `Zeitraum` des Studiums nicht fehlen. Wie schon im obigen Abschnitt beschrieben empfiehlt es sich, optional das `Anlegen mehrerer Studiengänge` anhand entsprechender Formularfeldvorlagen zu ermöglichen.

Berufs-/Projekterfahrung | *Ist es möglich, seine Berufs- bzw. auch Projekterfahrung durch Eingaben im Bewerbungsformular sinnvoll zu dokumentieren?*

Gerade Bewerber mit einigen Jahren Berufserfahrung sind für Unternehmen besonders schwer zu rekrutieren. Daher ist es nur logisch, wenn für sie entsprechende Möglichkeiten angeboten werden, mit denen sie sich im Online-Bewerbungsformular angemessen präsentieren können. Dies beinhaltet zumindest `Angaben zum Unternehmen` und dessen `Standort (Ort/Land)`, zur `Branche`, zur `Funktion` der jeweiligen Person und zur jeweiligen `Dauer/zum Zeitraum` des Innehabens der Position. Darüber hinaus verfügen manche Systeme über Möglichkeiten zur Darlegung von `Budget-` und `Personalverantwortung` sowie zu einer detaillierten `Tätigkeitsbeschreibung`.

In bestimmten Tätigkeitsfeldern sind `Projekterfahrungen` ähnlich wichtig oder wichtiger als Erfahrungen in einer Position oder Funktion. Ein gutes Bewerbungsmodul sollte es daher ebenfalls ermöglichen, in Projekten gesammelte Erfahrungen ähnlich umfangreich zu dokumentieren wie die Berufserfahrungen. Auch an dieser Stelle sollte das Online-Bewerbungssystem wieder die `Möglichkeit` offerieren, `mehrere berufliche Stationen bzw. Projekte` anlegen zu können.

Auslandserfahrung | *Ist es möglich, seine gegebenenfalls gesammelte Auslandserfahrung durch Eingaben im Bewerbungsformular sinnvoll zu dokumentieren?*

Im Zuge der zunehmenden Internationalisierung von Arbeitsabläufen sind heutzutage Themen wie interkulturelle Kompetenz, Auslandserfahrung und Sprachkenntnisse wichtiger denn je. Dabei genügt es vielen Unternehmen längst nicht mehr, wenn der Bewerber eine gängige Fremdsprache, meist Englisch, fließend beherrscht. Längere Aufenthalte möglichst in mehreren Ländern und Weltregionen sowie sehr gute Sprachkenntnisse in mindestens zwei Fremdsprachen sind keine Seltenheit mehr. Um diesem Trend auch im Rahmen der angebotenen Bewerbungsformulare gerecht zu werden, sollte hierfür ein eigener Abschnitt im System integriert sein, welcher es einem Bewerber ermöglicht, beispielsweise `Aufenthaltsort` (Land etc.) und `-dauer`, `Hochschule` oder `Unternehmen` sowie eine `Tätigkeitsbeschreibung` zu erfassen. Wie bereits bekannt, sollte das Online-Bewerbungssystem auch an dieser Stelle wieder ermöglichen, `mehrere Auslandsaufenthalte` anlegen zu können.

Kenntnisse und Fähigkeiten | *Ist es möglich, seine zusätzlichen Kenntnisse und Fähigkeiten durch Eingaben im Bewerbungsformular sinnvoll zu dokumentieren?*

Je nach Tätigkeit und Branche sind unabhängig von Studium, Ausbildung und Schulabschluss bestimmte Zusatzkenntnisse und -fähigkeiten erforderlich, um als Bewerber für ein Unternehmen attraktiv zu sein. Dies können neben `Sprach-` z. B. `EDV-Kenntnisse` oder `sonstige Schulungen` und `Zertifikate` sein, die gegebenenfalls über das schulische Unterrichtsangebot bzw. die Ausbildungs-/Studienkenntnisse hinausgehen. Damit der Interessent diese aber auch angemessen zur Geltung bringen kann, muss das Bewerbungsmodul über die entsprechenden Möglichkeiten der Darstellung verfügen.

Softskills | *Ist es möglich, auch seine Softskills durch Eingaben im Bewerbungsformular sinnvoll zu dokumentieren?*

Neben den „hard facts", also den anhand von Zeugnissen und Ausbildungsverlauf nachgewiesenen Kompetenzen, zählen für eine erfolgreiche Bewerbung vor allem die so genannten Soft Skills. Hier reicht die Bandbreite der Begriffe von Teamfähigkeit, Flexibilität und `Mobilität` über Belastbarkeit und Kreativität bis hin zu sozialer Kompetenz und `sozialem Engagement`, rhetorischen Fähigkeiten und Selbstsicherheit. Aber auch die `Hobbies` und Interessen von potenziellen Kandidaten sind von Bedeutung. Doch was nutzen diese Attribute dem Bewerber und Personalverantwortlichen, wenn sie nicht ausreichend dokumentiert werden? Ersterer kann seine Qualifikationen nicht angemessen darlegen, Letzterer ist nicht imstande, unter den vielen Interessenten den richtigen auszuwählen. Daher sollte ein umfassendes Bewerbungsmodul stets über Möglichkeiten verfügen, die Soft Skills im richtigen Kontext darzustellen. Dies wird im einfachsten Fall schon durch ein Textfeld erleichtert, in welchem der Nutzer sein Anschreiben frei formulieren kann, oder optional durch eine Upload-Möglichkeit für ein solches Motivationsschreiben.

Besondere Leistungen | *Ist es möglich, weiterhin auch eigene besondere Leistungen durch Eingaben im Bewerbungsformular sinnvoll zu dokumentieren?*

Interessenten und potenzielle Bewerber, die außerhalb ihrer regulären Arbeit oder Ausbildung besondere Leistungen erbringen, demonstrieren damit ein großes Maß an Engagement und Eigeninitiative. Hierbei kann es sich um erhaltene `Preise` und `Stipendien` sowie um `Publikationen`, `Mitgliedschaften` in Vereinen und Parteien oder andere ehrenamtliche Tätigkeiten handeln, mit denen der Interessent seine Einsatzbereitschaft untermauert. Auch hierfür sollte es eine entsprechende Darstellungsmöglichkeit im Online-Bewerbungssystem geben.

Funktionen des Bewerbungsmoduls

Steht eine strukturierte und funktional umfangreiche Online-Bewerbungsmöglichkeit auf Stellenangebote zur Verfügung?

Eine Karriere-Website muss Interessenten und Stellensuchenden nicht nur die Möglichkeit bieten, sich umfassend über ein Unternehmen sowie ggf. freie Vakanzen und Einstiegsmöglichkeiten zu informieren, sondern auch interessierten Bewerbern die `Möglichkeit` eröffnen, sich `direkt auf` ein `Stellenangebot bewerben` zu können.

Will ein Interessent sich dagegen allgemein bei einem Unternehmen bewerben, ohne sich dabei auf eine passende Vakanz zu beziehen, sollte ihm zumindest ein Standardfragebogen zur Verfügung stehen (`Initiativbewerbung`). Optional gibt es auch die Möglichkeit, ein `Bewerberprofil` anlegen zu lassen, welches dann in einem `Kandidaten-Pool` landet.

In vielen Online-Bewerbungssystemen der ersten Generation musste der Bewerber beispielsweise die Angebotsbezeichnung oder -nummer per Hand aus der Stellenanzeige in die Bewerbung übertragen. Dabei kam es nicht selten zu Fehlern, wodurch die Bewerbung nicht in der vorgesehenen Abteilung einging, oder gar ganz verloren ging. Aktuelle Online-Bewerbungsmodule `übernehmen` bei einer Bewerbung auf ein konkretes Stellenangebot daher `automatisch` die `Angebotsbezeichnung oder -nummer aus` der `Anzeige`.

Um unnötige Kosten, Qualitätsverluste und Bearbeitungszeiten zu vermeiden, ist es erforderlich, dass alle `bewerbungsrelevanten Informationen` bereits `online vollständig erfasst` werden. So muss nichts auf dem Postweg nachgereicht werden und der zusätzliche Verwaltungsaufwand bleibt dem Unternehmen erspart. Dadurch, dass die Bewerbung früher vorliegt, erhält der entsprechende Interessent ebenfalls früher eine Rückmeldung und kann somit besser planen; es zeigen sich also Vorteile für beide Parteien.

Ein Bewerbungsformular, das dem Bewerber die Möglichkeit bietet, seine Qualifikationen und Stärken differenziert darzustellen, ist in der Regel zu lang, um auf einer fortlaufenden Webseite noch übersichtlich und erfassbar dargestellt zu werden. Deshalb werden Bewerbungsformulare häufig auf mehrere Webseiten aufgeteilt (`Gliederung des Be-`

werbungsformulars in übersichtliche Abschnitte). Aus Gründen der Übersichtlichkeit und Bedienerfreundlichkeit sollte die Navigation innerhalb des Bewerbungsformulars einen klaren Überblick darüber vermitteln, in welche Unterbereiche das Formular eingeteilt ist.

Eine weitere wichtige Option ist die Möglichkeit, das Online-Bewerbungsformular in beliebiger Reihenfolge ausfüllen zu können. Diese Option erleichtert dem Bewerber das vollständige Ausfüllen des Fragebogens, weil er evtl. bestimmte Informationen gerade zur Hand hat, die eigentlich erst an späterer Stelle eingegeben werden müssten. Durch Sprünge im Bewerbungsformular kann der Nutzer somit individuell bestimmen, zu welchem Zeitpunkt er welche Angaben machen möchte.

Neben dem strukturierten Fragebogen ist es für das Unternehmen und den Bewerber oft auch sinnvoll, wenn der Bewerbung zusätzliche Dokumente wie Zeugniskopien, Fotos und persönliche An- bzw. Motivationsschreiben hinzugefügt werden können. Der Stellensuchende erhält dadurch die Möglichkeit, sich differenzierter darzustellen und dem Unternehmen steht eine erste Überprüfungsmethode zur Richtigkeit der Angaben zur Verfügung.

Nach der Eingabe aller Daten in das Online-Bewerbungsformular ist es sinnvoll, wenn der Bewerber vor dem endgültigen Absenden noch einmal eine Übersicht aller seiner Angaben erhält, um diese gegebenenfalls zu korrigieren. Dadurch lassen sich Flüchtigkeitsfehler und Missverständnisse, die auf beiden Seiten – sei es beim Unternehmen oder beim Bewerber – einen unnötigen Arbeits- und Zeitaufwand erzeugen, vermeiden. Ebenfalls nützlich für den Bewerber ist die Möglichkeit, an diesem Punkt die komplette Bewerbung für seine Unterlagen auszudrucken.

Jeder Bewerber erwartet von seiner Bewerbung, dass diese vertraulich behandelt wird. Daher sollte jedes Unternehmen seine Prozesse und Verantwortlichkeiten so gestalten, dass ein Missbrauch der anvertrauten Daten von vornherein ausgeschlossen ist. Was aber, wenn die Sicherheit der Daten gar nicht unmittelbar vom Unternehmen beeinflussbar, sondern abhängig von der IT-Lösung ist? Um hier Missbrauch von Hackern oder Datenspionen zu vermeiden, sollte eine sichere Übermittlung der Daten (z. B. durch Verwendung des Verschlüsselungsprotokolls „Secure Sockets Layer" (SSL)) gewährleistet sein. Informationen zur Datensicherheit sind deshalb so wichtig, weil viele

Nutzer in diesem Bereich sehr empfindlich sind und aus diesem Grund vor einer Online-Bewerbung zurückschrecken könnten.

Ähnlich wie bei der Gestaltung der gesamten (Karriere-)Website, sollten auch die einzelnen Formularfelder im verwendeten Online-Bewerbungssystem benutzerfreundlich konzipiert sein. Dies bedeutet, dass beispielsweise der aktuelle `Ausfüllstatus` (unausgefüllt, teilweise ausgefüllt sowie komplett ausgefüllt) der `einzelnen Formularfelder` im Online-Bewerbungsmodul in einer Übersicht `nachvollziehbar` sein sollte und `nicht ausgefüllte Pflichtfelder` entsprechend `markiert` werden, so dass diese schnell gefunden werden. Außerdem sind die `Nachvollziehbarkeit` der geforderten `Eingabesyntax` (z. B. bei Daten in der Form „tt.mm.jjjj") sowie die Möglichkeit, `Sonderzeichen` einzugeben, ein weiteres Qualitätskriterium.

Benutzerkonto und Personalisierung

Bietet das Online-Bewerbungssystem umfassende Funktionen hinsichtlich des Benutzerkontos sowie Personalisierungsmöglichkeiten an?

Das Eingeben einer aussagekräftigen Bewerbung in ein Online-Bewerbungsmodul kann viel Zeit in Anspruch nehmen und erfordert häufig Unterlagen, die der Bewerber nicht direkt zur Hand hat. Es ist daher sinnvoll, dem Bewerber eine `Zwischenspeicherungsmöglichkeit` für die Bewerbung anzubieten, mit deren Hilfe er die Informationen in mehreren Sitzungen eingeben und fehlende Angaben und Dokumente zu einem späteren Zeitpunkt hinzufügen kann.

Des Weiteren wurde untersucht, ob die Option bestand, einmal eingegebene `Stammdaten` für folgende Bewerbungen `wiederzuverwenden`. Dies erspart dem Nutzer das wiederholte und lästige Ausfüllen der Formulare und vermindert die Anzahl entstehender Fehler. Um eigene Daten auf dem neuesten Stand halten zu können, ist es ebenfalls sinnvoll, wenn die `Stammdaten` vom Nutzer auch `nach Absenden` einer `Bewerbung` noch `geändert werden können` (vgl. auch Bewerberprofil). Gerade bei Studenten und Hochschulabsolventen kann es oftmals vorkommen, dass sich Stammdaten wie Adresse und Telefonnummer auch in einem laufenden Bewerbungsverfahren noch ändern.

Besonders nützlich ist weitergehend die Option, einen Bewerber-Account anlegen zu können. Interessenten, die sich häufiger bei dem gleichen Unternehmen auf Vakanzen bewerben, verwenden in der Regel jedes Mal das gleiche, auf ihre individuellen Qualifikationen und Vorstellungen abgestimmte, Suchprofil. Ähnlich wie auch bei den Stammdaten sollte hier das `Abspeichern` dieses `Suchprofils` als Vorlage angeboten werden.

Wurden die Suchkriterien festgelegt und die Datenbank nach passenden Stellen durchsucht, zeigt die Online-Stellenbörse im folgenden Schritt alle übereinstimmenden Einträge an. Hierbei kann es sich aber, je nach Größe und Personalbedarf des Unternehmens, um eine lange Liste von angebotenen Vakanzen handeln. Dem Bewerber sollte daher die Möglichkeit gegeben werden, auch die für ihn besonders interessanten `Suchergebnisse zwischenspeichern` zu können. Dieser kann sich dann in Übereinstimmung mit seiner verfügbaren Zeit einzelne Stellen genauer ansehen und sich bei Interesse bewerben. Denkbar ist es auch, `einzelne Stellenangebote im Bewerber-Account abzulegen`. Darüber hinaus eignen sich auch `andere Inhalte` (z. B. Texte, Dokumente, Bilder, Videos) zum `Abspeichern im eigenen Bewerber-Account`. Dies hätte den Vorteil, dass der Bewerber bei einem erneuten Besuch der Seite sich nicht erst wieder alle Informationen zusammensuchen muss, sondern von seinem persönlichen Profil aus direkt auf die für ihn relevanten Inhalte zugreifen kann.

Um dem Nutzer in einem Anlauf die `Abwicklung` des `gesamten Bewerbungsprozesses` zu ermöglichen, sollten alle erforderlichen Schritte in das Online-Bewerbungssystem integriert sein. Dies bedeutet zum einen, dass `Terminplanung und -vereinbarung` fester Bestandteil des Systems sind und zum anderen, dass auch Themen wie `Reiseplanung, -buchung` und `-kostenabrechnung` ebenfalls online erledigt werden können. Im E-Commerce-Bereich lässt sich z. B. der Status von Bestellvorgängen problemlos online abfragen. Bewerber sollten im Sinne des Human-Resources-Managements wie Kunden behandelt werden und einen entsprechenden Service erwarten können. Eine `Online-Abfrage` des `Bewerbungsstatus` (z. B. „eingegangen", „vorgelegt", etc.) ist sinnvoll, da Bewerbungsvorgänge auch die wertvolle Zeit des Interessenten beanspruchen und diese Information somit einen entscheidenden Faktor in dessen Planung darstellt. Weiterhin führt dies zu weniger Anfragen seitens der Bewerber, was wiederum auf zu mehr Effizienz und letztlich zu einem Wettbewerbsvorteil des entsprechenden Unternehmens im Hinblick auf Zeit und Kosten führt.

Online Assessment

Bietet das Unternehmen Formen von Online Assessments an?

Immer wieder wird in Fachkreisen diskutiert, inwieweit sich die Vorauswahl von potenziellen Kandidaten auf das Internet verlagern lässt und ob man einen Teil der Eignungsüberprüfung online durchführen kann. Sowohl bei den Befürwortern als auch bei den Gegnern wird eine Vielzahl nachvollziehbarer Argumente angebracht. In einem sind sich aber alle einig: Als Methode der finalen Auswahl von Bewerbern ist das persönliche Gespräch kaum zu ersetzen. Wohl aber können Online-Verfahren helfen, eine differenzierte Vorauswahl zu treffen, anhand welcher sich ein engerer Kreis in Frage kommender Kandidaten herausbildet. Das Vorhandensein eines solchen Online Assessments wurde in der vorliegenden Studie überprüft. Aber auch Selbsttests und Assessment Center-Übungen auf freiwilliger Basis können dem Bewerber ein besseres Gefühl dafür vermitteln, welche Anforderungen das Unternehmen an ihn stellt und inwieweit er dafür geeignet ist. Interessenten, die noch keinerlei Erfahrung mit dieser Art von Tests gemacht haben, erhalten hierdurch die Möglichkeit, ein erstes Gefühl für die Beantwortung der gestellten Fragen zu bekommen. Auch das Vorhandensein eines solchen Angebots wurde bewertet.

Talent Relationship Management

Identifikationsmöglichkeiten | *Können sich bestimmte Zielgruppen im Bewerbungsmodul identifizieren?*

Talent Relationship Management (TRM) überträgt die langjährigen Erfahrungen des Customer Relationship Managements (CRM) auf die gegenwärtigen und zukünftigen Mitarbeiter. TRM zielt also darauf ab, intensive Beziehungen und Bindungen zu attraktiven Kandidaten zu pflegen. Um die entsprechenden Zielgruppen aber individuell ansprechen und berücksichtigen zu können, muss ihnen eine Identifikationsmöglichkeit auf der HR-Website des Unternehmens geboten werden. Dies beinhaltet, dass sich `ehemalige Praktikanten` und `Mitarbeiter` durch gesonderte (Formular-)Felder im Online-Bewerbungssystem entsprechend hervorheben können. Dem verantwortlichen Personalmitarbeiter ist somit unmittelbar ersichtlich, um wen es sich handelt. Im Idealfall sollten auch interessante `Messekontakte` eine gesonderte Berücksichtigung finden.

TRM Services | *Gibt es spezielle Informationsangebote und Services für Interessenten aus dem TRM Pool?*

Unternehmen, die zu interessanten potenziellen Talenten Kontakte aufgebaut haben, sei es durch Messen, Praktika oder Workshops, sollten diese nicht einfach nur in der Datenbank belassen. Im Kampf um die besten und qualifiziertesten Arbeitskräfte gilt es, die Zielgruppen individuell mit Informationen und Angeboten zu versorgen, um den Employer Brand systematisch zu steigern und als Arbeitgeber attraktiv zu wirken.

In diesem Zusammenhang bieten sich eine Vielzahl von Möglichkeiten an. Den Talenten bzw. Kandidaten kann ein `Zugang zu Datenbanken` und `spezifischen Informationen` sowie beispielsweise die `Teilnahme an Veranstaltungen, Wettbewerben` und „`Tagen der offenen Tür`" ermöglicht werden. Auch ist ein `Kennenlernen aktiver Mitarbeiter` des betreffenden Unternehmens denkbar. Zusätzlich kann durch die Herausgabe eine speziellen `TRM Newsletters`, der sich mit seinen Inhalten genau an die Bedürfnisse und Interessen der Kandidaten im TRM Pool richtet, ein weiteres Kommunikationsmedium in diesem Bereich etabliert werden.

Mit Hilfe des Einsatzes sozialer Netzwerke lassen sich Mitarbeiter darüber hinaus zu Botschaftern der Arbeitgebermarke machen, indem sie als Ansprechpartner für interessierte Jobsuchende fungieren (`Verweis auf Mitarbeiterprofile`). Das Business-Netzwerk XING bietet darüber hinaus die Möglichkeit, schnell und unkompliziert Stellenangebote zu publizieren. Auch können eigens eingerichtete Alumni-Gruppen dafür sorgen, dass ehemalige Mitarbeiter mit dem Unternehmen in Kontakt bleiben.

Um mit ehemaligen Mitarbeitern, Praktikanten oder Diplomanden im Sinne eines effektiven Talent Relationship Managements in Kontakt zu bleiben, empfiehlt sich zusätzlich auch die Einrichtung eines unternehmenseigenen Alumni-Netzwerks, das im Idealfall über die HR-Website des Unternehmens zu erreichen ist.

Interaktive Karriere-Tools, Web 2.0 und mobile Angebote

Verlinkung zu Social Media-Plattformen | *Ist das Unternehmen mit karrierespezifischen Themen in bekannten sozialen Netzwerken wie Facebook, Twitter, YouTube etc. vertreten bzw. existiert auf diesen Plattformen eine eigene Karriere-Page, auf die auf verlinkt wird?*

Immer mehr Unternehmen sind mittlerweile auch auf anderen Plattformen außerhalb der eigenen Karriere-Website aktiv, d.h. sie erstellen z. B. eine Fanpage auf Facebook, einen Account bei Twitter, einen eigenen Kanal bei YouTube oder sind bei LinkedIn, Kununu und weiteren Plattformen verfügbar. Dies hat nicht nur den Vorteil, dass man die Nutzer bzw. Mitglieder dieser Plattformen durch entsprechende Vermarktung auf die unternehmenseigene HR-Website holen kann. Es besteht zudem die Möglichkeit, zunächst dort mit potenziellen Interessenten in einen direkten Dialog zu treten. Hierbei ist es allerdings von Bedeutung, dass es sich nicht nur um einen allgemeinen Corporate-Kanal handelt, über den lediglich „bloße" Unternehmens- bzw. Presseinformationen kommuniziert werden, sondern dass zumindest karrierespezifische Themen vorhanden sind bzw. behandelt werden. Einige Unternehmen nehmen an dieser Stelle auch eine Trennung vor und gehen dazu über, beispielsweise auf Facebook, eigene Karriere-Fanpages zu erstellen, die von der Corporate-Fanpage getrennt bedient werden und auf die Ansprache von bzw. den Dialog mit (potenziellen) Kandidaten fokussiert sind.

Sonstige Karriere-Tools | *Existieren weitere Web 2.0 Angebote und interaktive Karriere-Tools?*

Neben den sozialen Netzwerken existieren weitere Web 2.0 Angebote sowie interaktive Karriere-Tools, die sich Unternehmen zu Nutze machen können. So gibt es z. B. viele Gründe für ein Unternehmen, ein HR-Blog zu führen. Hier können Mitarbeiter einen authentischen Einblick in den Arbeitsalltag geben, indem sie aktuelle Projekte vorstellen und tagebuchartig begleiten. Ebenso können Personalmarketing-Kampagnen unterstützt oder spezielle Zielgruppen (z. B. Azubis) damit angesprochen werden. Neben dem reinen

Vorhandensein eines Blogs wurde auch bewertet, ob darin regelmäßig Beiträge zu lesen sind, ob Mitarbeiter als Autoren auftreten und ob es für Außenstehende möglich ist, Einträge zu kommentieren, da ein solches Angebot nur dann den gewünschten Nutzen erzielt. Ebenfalls sollte an dieser Stelle eine Abonnementfunktion der Blog-Beiträge per RSS-Feed zum Standard gehören.

Karriere-Pod- und Vodcasts (Videocasts) sind eine weitere Option, potenziellen Kandidaten glaubwürdige Einblicke in das Unternehmen zu geben. Gemeint ist hiermit jedoch nicht, dass einfach nur ein Unternehmensfilm (Image-Film) auf die Corporate-Website gestellt wurde. Entscheidend für die Bewertung war vielmehr, dass in regelmäßigen Abständen neue Audio- und/oder Video-Beiträge angeboten werden. Ebenso wurde überprüft, ob die Pod-/Vodcasts über eine Feedback-Funktion verfügen, über die ein Bewerber die Möglichkeit hat, Kommentare abzugeben. Eng hiermit verbunden ist das Angebot von Karriere-/HR-Videos, die ebenfalls nicht als bloßer Unternehmensfilm zu sehen sind, sondern es geht dabei um Videos, die potenziellen Bewerbern einen echten Mehrwert bieten, z. B. dadurch, dass aktive Mitarbeiter darin zu Wort kommen, die von ihrem Arbeitsalltag erzählen oder den User durch die Räumlichkeiten führen.

Auch Karriere-Foren und Wikis können zu Informationszwecken dienen und den Austausch über bestimmte Themen ermöglichen. Auf einer HR-Website sind hier neben unternehmensspezifischen besonders karriere- und bewerbungsspezifische Themen denkbar. Ein moderierter (Karriere-)Chat zu diesen Themen liefert des Weiteren einen echten Mehrwert für Stellensuchende, da er eine direkte Dialogmöglichkeit eröffnet, kurzfristige Interaktion erlaubt und dadurch die Aufmerksamkeit von potenziellen Bewerbern für das Unternehmen nochmals erhöhen kann.

Immer mehr User speichern ihre Lieblings-Websites auch in sog. Social Bookmarking-Portalen. Um diesem Verhalten gerecht zu werden, sollten auch HR-Websites über eine Funktion verfügen, die Website mittels eines einfachen Mausklicks in einem dieser Portale abspeichern zu können, zumal dies dazu führen kann, dass auch andere User und damit potenzielle Bewerber auf die eigene Karriere-Website aufmerksam werden.

Über diese bereits zuvor genannten Instrumente und Ansätze hinaus bieten sich eine Vielzahl weiterer Karriere-Tools an, mit deren Hilfe den Interessenten Unterhaltung, Information und Hilfestellung angeboten werden kann. Passend zum Unternehmen können auf der Website weiter verschiedenste interaktive Angebote mit Zusatznutzen zur Verfügung gestellt werden. Diese locken potenzielle Bewerber an und erhöhen ihre Aufmerksamkeit für das Unternehmen. Angeboten werden können `Wettbewerbe`, bei denen z. B. Stipendien oder interessante Praktika als Preis ausgesetzt werden. Denkbar sind auch `Plan-/Börsenspiele` oder `Kreativitätstests`, die idealerweise in einem Zusammenhang zum Unternehmen und zur Bewerbung stehen. Weiterführende `Online-Test` und auch `Case Studies` können dieses Angebot abrunden und potenziellen Kandidaten ermöglichen, verschiedene Situationen des beruflichen Alltags näher kennen zu lernen, sich auf das Unternehmen vorzubereiten und schon im Vorhinein vertieftest Wissen zu generieren; außerdem beschäftigt sich ein Interessent mit einem Unternehmen, welches über solche Angebote verfügt, tendenziell länger, was nicht zuletzt die Bindung erhöhen kann.

Mobile Recruiting | *Existieren mobile Angebote und Funktionen zur Kandidatenansprache und speziell zur Mitarbeiterrekrutierung?*

Insbesondere für jüngere Zielgruppen wird es in Zukunft, wie schon einleitend erwähnt, immer wichtiger werden, Angebote auch über mobile Endgeräte nutzen zu können. Die tatsächliche Eignung mobiler Endgeräte als Kommunikationskanal für Personalmarketing-Aktivitäten und die hierfür nötigen Inhalte wurden schon in den vorherigen Abschnitten erläutert. Nutzt ein Unternehmen den mobilen Kanal, um mit Interessenten und potenziellen Bewerbern in Kontakt zu treten, kommt allerdings über die Inhalte hinaus besonders auch der Interaktivität des mobilen Angebots – und damit den funktionalen Ausgestaltungsmöglichkeiten mobiler Karriere-Websites bzw. von Mobile Recruiting-Applikationen und Tools – eine hohe Bedeutung zu.

Konkret ist hierunter zunächst einmal die generelle Zurverfügungstellung eines `mobilen Stellenmarktes` zu verstehen, der eine gezielte Suche nach freien Stellenangeboten ermöglicht. Überprüft wurde in diesem ersten „Funktionsbereich", ob ein vorhandener, mobiler Stellenmarkt über eine `übersichtliche Sucheinstiegsmaske` verfügt, die eine reine `Freitextsuche` sowie eine reine `Kriterien- bzw. Kategoriesuche` (ohne zusätzlichen Freitext) erlaubt. Um dem mobilen Nutzungskontext gerecht zu werden, sind die zuvor dargestellten Suchmöglichkeiten jedoch noch nicht optimal ausgestaltet, weshalb der mobile Stellenmarkt darüber hinaus auch eine Kombination dieser beiden

Suchstrategien ermöglichen sollte. Gemeint ist hiermit eine `individualisierte Stichwortsuche mit Suchbegrenzungsfunktionen` durch Auswahl verschiedener Kriterien wie Qualifikation, Zielgruppe, Branche, Funktion/Berufsfeld, Vertragsart usw., aber auch mit `ortsbezogenen Eingrenzungsmöglichkeiten` durch Wahl der Suchregion, Standorteingabe zur Umkreisbeschränkung oder gar die Integration von `Location Based Services` zur automatisierten Standortermittlung für eine Stellensuche mit Ortsbezug.

Nachdem eine Stellensuche durch die vorgestellten Suchfunktionen angestoßen wurde, ist der nächste „Funktionsbereich" in den Ergebnissen einer Suchanfrage zu sehen. Der mobile Stellenmarkt wurde daraufhin untersucht, ob dieser dem Nutzer eine `Filterfunktion für die Suchergebnisliste` nach den zuvor beschriebenen Kriterien zur Verfügung stellt. Weiterhin wurde bewertet, ob dem Nutzer verschiedene `Darstellungsmöglichkeiten der Suchergebnisliste` bereitgestellt werden, beispielsweise die Wahl zwischen einer Listen- und Kartenansicht der gefundenen Vakanzen.

Hierauf folgen nun die Interaktivitäts-Tools bzw. Mobile Recruiting-Funktionen innerhalb einzelner Stellenangebote als nächster „Funktionsbereich". Hat ein Interessent sich aus den Suchergebnissen interessante mobile Stellenangebote herausgesucht, sollten ihm innerhalb dieser Vakanzbeschreibungen bestenfalls verschiedenen Funktionen angeboten werden, welche sich grob im Umfeld der `Speicherung, Weiterleitung` und `Personalisierung` verorten lassen. Deshalb wurden in dieser Auflage der Studie z. B. die Möglichkeit, Stellenangebote per E-Mail weiterzuleiten (an Freunde bzw. sich selbst), die Integration von Social Media-Elementen („Teilen-Button", „gefällt-mir-Button", „+1" etc.) sowie auch unternehmenseigene Möglichkeiten zum Anlegen von Favoriten/Merklisten einer Bewertung unterzogen. Da eine detailliertere Auseinandersetzung mit gefunden Stellenangeboten von unterwegs oftmals oder nur unzureichend nicht möglich ist, bieten die zuvor beschriebenen Funktionen dem Nutzer einen echten Mehrwert. Andererseits kann ein Nutzer später ohne erneute Suchanfragen schnell auf bereits identifizierte, interessante Funde zurückgreifen. Möchte sich ein Interessent jedoch sofort mit einer für ihn interessanten Vakanz beschäftigen, kommen den `Möglichkeiten` des `mobilen Direktkontakts` und auch der `mobilen Direktbewerbung` bzw. zumindest einer Unterstützung des Bewerbungsprozesses enorme Bedeutung zu. So wurden beispielsweise Funktionen wie die Ermöglichung von Direktwahlen für die Kontaktaufnahme mit stellenspezifischen Ansprechpartnern, aber auch Unterstützungsfunktionen zur direkten Bewerbung über mobile Endgeräte einer Bewertung unterzogen, wobei diese verschieden ausgestaltet sein können (z. B. Interessenbekundung durch automatisierte E-Mail-Bewerbung, Bewerbungsmöglichkeit durch Rückgriff auf Bewerberinformationen/Stammdaten aus stationärem Benutzer-Account etc.). Wichtig ist jedoch, dass Unternehmen sich hier auf die Erfassung von Basisdaten beschränken oder aber innovative Ansätze wie z. B. die Möglichkeit des Sendens von Social Media-Profilen (z. B. XING) fokussieren.

Abschließend wurden in einem letzten „Funktionsbereich" die von einem Unternehmen offerierten, weiterführenden Personalisierungsmöglichkeiten des mobilen Angebots bewertet. Hierbei sollte, ähnlich dem stationären Angebot, auch der mobile Stellenmarkt die Möglichkeit eröffnen, einen „eigenen Bereich" anzulegen, über den z. B. eine Automatisierung der Stellensuche durch Benachrichtigungen auf Basis eigens angelegter Suchaufträge, aber auch die Speicherung von Suchaufträgen sowie das Anlegen von Suchfiltern zu realisieren ist. Die Verbindung zum stationären Angebot bzw. Benutzer-Account sowie eine Synchronisationsmöglichkeit zwischen diesem und dem mobilen Angebot wurden ebenfalls überprüft.

Studienergebnisse

Überblick Gesamtranking[3]

TOP 10 Aufsteiger nach Vergleich der Gesamtergebnisse 2010 und 2012

+19,8%	Fresenius
+19%	C&A
+18,9%	Sparkassen-Finanzgruppe
+17,4%	Schaeffler Gruppe
+17,3%	Nestlé Deutschland
14,4%	Henkel
14,2%	Linde
13,6%	Unternehmensgruppe Schwarz
13,5%	SolarWorld
13,2%	Festo

---

[3] Rundungsbedingt können die Summen in den Darstellungen im Folgenden teilweise von 100% abweichen.

Gesamtranking

Rang	Unternehmen	Zugang	Informat.	Design	Navigat.	Interakt.	Gesamt
1	Henkel	85,71%	85,31%	87,50%	91,07%	69,85%	**80,12%**
2	Daimler	96,43%	86,49%	68,30%	88,61%	54,20%	**73,48%**
3	Bayer	96,43%	77,05%	78,79%	95,83%	58,39%	**73,46%**
4	Fresenius	82,14%	80,64%	89,15%	86,95%	54,65%	**71,69%**
5	Deutsche Post DHL	92,86%	72,11%	100,00%	89,64%	57,52%	**71,34%**
6	ThyssenKrupp	89,29%	77,16%	83,93%	84,33%	57,33%	**71,25%**
7	Siemens	96,43%	73,62%	86,52%	74,90%	60,35%	**70,29%**
8	Bertelsmann	92,86%	71,35%	85,94%	77,58%	61,45%	**70,13%**
9	BMW Group	85,71%	71,44%	85,94%	89,29%	56,45%	**69,56%**
10	Deutsche Telekom	85,71%	71,55%	87,50%	88,25%	56,16%	**69,40%**
11	EADS	89,29%	71,92%	80,36%	83,93%	57,26%	**69,15%**
12	Otto Group	92,86%	75,14%	84,38%	75,71%	53,80%	**68,04%**
13	Boehringer Ingelheim	82,14%	73,96%	83,93%	89,29%	48,61%	**67,03%**
14	SAP	92,86%	64,19%	72,32%	77,94%	57,90%	**65,58%**
15	Audi	89,29%	59,12%	84,15%	83,93%	57,65%	**65,01%**
16	BASF	92,86%	67,09%	86,07%	89,48%	45,08%	**63,88%**
17	Roche Diagnostics	85,71%	60,40%	84,96%	89,17%	51,57%	**63,67%**
18	PricewaterhouseCoopers (PwC)	92,86%	61,50%	81,88%	84,29%	51,00%	**63,30%**
19	Accenture	96,43%	63,98%	76,12%	85,48%	47,30%	**62,76%**
20	Shell	85,71%	66,71%	88,53%	86,71%	44,07%	**62,69%**
21	DATEV	82,14%	66,81%	89,87%	93,21%	41,54%	**62,58%**
22	Nestlé Deutschland	92,86%	60,28%	84,15%	96,43%	44,93%	**62,38%**
23	SMA Solar Technology	92,86%	73,46%	83,93%	69,45%	43,25%	**62,27%**
24	Intel	71,43%	72,10%	73,66%	83,54%	42,55%	**62,04%**
25	Ernst & Young	78,57%	66,82%	75,67%	64,67%	52,30%	**61,72%**
26	HypoVereinsbank	82,14%	61,34%	88,53%	91,87%	43,52%	**61,19%**
27	UBS	78,57%	61,16%	74,11%	63,94%	54,89%	**60,59%**
28	Randstad Deutschland	85,71%	59,06%	78,13%	74,64%	50,68%	**60,33%**
29	Festo	82,14%	61,65%	75,18%	80,75%	46,74%	**60,25%**
30	Merck	92,86%	58,61%	90,00%	80,36%	45,98%	**60,10%**
31	Deutsche Lufthansa	92,86%	61,89%	83,93%	66,55%	48,69%	**59,96%**
32	IBM Deutschland	89,29%	64,66%	100,00%	54,72%	48,87%	**59,85%**
33	Ferchau Engineering	82,14%	61,88%	82,14%	78,13%	45,51%	**59,79%**
34	Commerzbank	89,29%	55,23%	82,81%	68,61%	53,68%	**59,70%**
35	Volkswagen	92,86%	54,58%	83,93%	72,54%	51,65%	**59,48%**

Tabelle 1: Gesamtergebnisse der Studie Human Resources im Internet 2012

Rang	Unternehmen	Zugang	Informat.	Design	Navigat.	Interakt.	Gesamt
36	Postbank	89,29%	58,79%	95,00%	87,50%	40,27%	**59,02%**
37	KPMG	82,14%	56,87%	95,00%	70,00%	49,16%	**58,92%**
38	Robert Bosch	89,29%	56,41%	91,43%	61,11%	51,56%	**58,57%**
39	GIZ Deutsche Gesellschaft für Internationale Zusammenarbeit	71,43%	59,19%	74,24%	50,00%	57,41%	**58,46%**
40	Fraport	85,71%	59,21%	76,12%	81,11%	43,30%	**58,30%**
41	Deutsche Bank	92,86%	53,10%	84,64%	83,93%	44,46%	**57,83%**
42	Vodafone	82,14%	59,45%	82,59%	62,50%	47,83%	**57,55%**
43	Schaeffler Gruppe	92,86%	60,12%	76,79%	71,19%	42,34%	**57,14%**
44	Allianz Gruppe[4]	82,14%	56,13%	87,50%	64,72%	48,12%	**57,08%**
45	Bilfinger Berger	78,57%	53,45%	84,15%	68,61%	48,39%	**56,49%**
46	ABB	82,14%	59,96%	76,52%	78,87%	39,22%	**56,44%**
47	Beiersdorf	96,43%	54,32%	76,43%	79,76%	41,93%	**56,39%**
48	RWE	85,71%	58,26%	82,37%	59,10%	46,78%	**56,37%**
49	Evonik Industries	89,29%	60,49%	82,81%	66,11%	41,29%	**56,21%**
50	ZF Friedrichshafen	75,00%	58,39%	83,93%	67,50%	43,41%	**55,87%**
51	Continental	82,14%	60,34%	84,15%	58,06%	44,17%	**55,81%**
52	Deutsche Bahn	78,57%	49,56%	87,50%	77,14%	45,93%	**55,59%**
53	MAN Gruppe	82,14%	64,67%	79,69%	55,06%	41,16%	**55,45%**
54	Tchibo	78,57%	55,48%	70,54%	63,61%	47,36%	**55,36%**
55	Linde[5]	71,43%	60,56%	81,25%	70,00%	39,25%	**55,03%**
56	ALDI SÜD	75,00%	56,29%	93,44%	79,37%	35,96%	**54,41%**
57	Porsche	85,71%	51,25%	84,38%	77,58%	40,61%	**54,32%**
58	E.ON	78,57%	50,04%	87,50%	68,33%	45,38%	**54,22%**
59	Deloitte	89,29%	52,77%	85,40%	70,00%	41,27%	**54,21%**
60	Philips	82,14%	51,19%	82,59%	60,83%	47,06%	**54,10%**
61	L'Oréal Deutschland	82,14%	53,00%	77,46%	51,94%	49,02%	**53,93%**
62	Münchner Rück (Munich Re)	82,14%	60,41%	91,88%	59,38%	36,91%	**53,51%**
63	EnBW (Energie Baden-Württemberg)	92,86%	53,10%	82,59%	69,64%	38,97%	**53,39%**
64	Peek & Cloppenburg Düsseldorf	75,00%	47,47%	84,38%	60,00%	48,59%	**53,02%**
65	Sparkassen-Finanzgruppe	85,71%	54,43%	74,55%	60,17%	41,88%	**52,84%**

[4] Bewertung bezogen auf Website der Allianz Deutschland (www.perspektiven.allianz.de).
[5] Bewertung bezogen auf Linde Group.

Rang	Unternehmen	Zugang	Informat.	Design	Navigat.	Interakt.	Gesamt
66	Oracle	75,00%	51,55%	80,80%	83,33%	35,94%	**52,71%**
67	TÜV Rheinland Group	78,57%	47,94%	79,46%	55,21%	49,34%	**52,70%**
68	Franz Haniel & Cie.	71,43%	54,37%	86,25%	73,61%	36,35%	**52,49%**
69	Procter & Gamble	75,00%	48,48%	84,38%	60,00%	46,07%	**52,36%**
70	Arvato	82,14%	48,68%	78,13%	68,61%	42,45%	**52,32%**
71	DZ Bank	82,14%	45,61%	82,14%	68,61%	44,58%	**52,30%**
72	Red Bull	85,71%	36,38%	78,13%	87,50%	44,79%	**51,97%**
73	Unilever	75,00%	54,16%	75,89%	55,56%	42,53%	**51,85%**
74	Roland Berger Strategy Consultants	89,29%	49,87%	88,30%	69,72%	37,60%	**51,83%**
75	Hochtief	78,57%	60,57%	87,19%	46,32%	37,69%	**51,51%**
76	Coca-Cola Erfrischungsgetränke[6]	78,57%	54,12%	87,50%	67,22%	35,41%	**51,49%**
77	C&A Mode & Co.	82,14%	38,96%	85,94%	96,43%	37,45%	**51,48%**
78	Carl Zeiss	92,86%	46,00%	84,38%	70,00%	39,10%	**51,10%**
79	B. Braun Melsungen	82,14%	51,41%	83,62%	64,44%	37,64%	**51,00%**
80	Hewlett-Packard	75,00%	44,36%	65,40%	48,61%	52,67%	**50,91%**
81	Microsoft Deutschland	85,71%	45,59%	85,71%	66,75%	40,90%	**50,90%**
82	Adidas	60,71%	55,19%	76,52%	65,83%	36,75%	**50,75%**
83	Auswärtiges Amt	85,71%	45,06%	81,03%	85,48%	34,10%	**50,57%**
84	Deutsches Zentrum für Luft- und Raumfahrt	85,71%	50,13%	71,65%	71,24%	35,75%	**50,40%**
85	Tognum AG (MTU Friedrichshafen)	85,71%	54,09%	84,38%	61,25%	34,11%	**50,27%**
86	Deutsche Börse	82,14%	49,42%	65,40%	56,11%	42,45%	**50,07%**
87	MTU Aero Engines	71,43%	52,92%	77,68%	62,50%	36,39%	**49,91%**
88	Benteler Deutschland	67,86%	40,73%	81,88%	86,43%	37,93%	**49,88%**
89	Software AG	75,00%	48,58%	75,67%	65,49%	38,56%	**49,78%**
90	Salzgitter	85,71%	53,03%	84,38%	61,94%	33,23%	**49,65%**
91	Rewe Group	89,29%	49,93%	84,38%	70,00%	31,95%	**49,44%**
92	Douglas (Holding)	85,71%	47,77%	88,75%	60,00%	37,00%	**49,24%**
93	Vattenfall Europe	82,14%	53,68%	67,90%	49,31%	38,62%	**49,13%**
94	Helios Kliniken	64,29%	43,46%	91,43%	60,83%	41,95%	**48,90%**
95	DM-Drogerie Markt GmbH & Co. KG	60,71%	34,51%	87,50%	87,50%	40,70%	**48,89%**

---

[6] Bewertung bezogen auf Website der Coca-Cola Erfrischungsgetränke AG (www.cceag.de).

Rang	Unternehmen	Zugang	Informat.	Design	Navigat.	Interakt.	Gesamt
96	TUI[7]	85,71%	47,56%	78,17%	52,85%	40,26%	**48,87%**
97	McKinsey & Company	75,00%	53,29%	87,50%	62,50%	31,58%	**48,78%**
98	CISCO	89,29%	44,14%	82,59%	69,88%	35,47%	**48,72%**
99	Dr. August Oetker	89,29%	29,65%	96,88%	62,50%	49,12%	**48,71%**
100	SolarWorld	82,14%	54,92%	75,89%	64,44%	29,73%	**48,68%**
101	DELL	89,29%	35,70%	86,74%	60,63%	45,65%	**48,65%**
102	ProSiebenSat.1 Media	85,71%	57,29%	87,50%	57,50%	27,97%	**48,52%**
103	Mahle	78,57%	41,61%	88,75%	69,10%	37,64%	**48,35%**
104	John Deere	75,00%	46,04%	84,38%	68,61%	34,19%	**48,05%**
105	Phoenix Contact	89,29%	52,47%	82,59%	57,99%	30,79%	**47,97%**
106	Voith	82,14%	43,99%	81,25%	55,00%	40,25%	**47,92%**
107	Celesio	89,29%	48,81%	82,81%	59,72%	31,81%	**47,37%**
108	Infineon Technologies	75,00%	52,99%	80,58%	54,17%	32,23%	**47,34%**
	BSH (Bosch & Siemens Hausgeräte GmbH)	57,14%	42,53%	81,25%	62,50%	40,39%	**47,34%**
110	Adam Opel	57,14%	42,49%	74,33%	64,60%	40,29%	**47,25%**
111	Europäische Zentralbank	53,57%	49,66%	78,26%	59,10%	35,50%	**47,04%**
112	IKEA Deutschland	89,29%	52,46%	83,93%	56,94%	28,23%	**46,85%**
113	Osram	82,14%	37,19%	81,25%	65,00%	39,45%	**46,72%**
114	HeidelbergCement	75,00%	48,02%	84,38%	59,72%	32,24%	**46,63%**
115	Leoni	78,57%	45,62%	69,15%	59,72%	35,41%	**46,47%**
116	Metro Group	64,29%	52,58%	95,31%	54,86%	29,35%	**46,35%**
117	Freudenberg & Co. KG	78,57%	40,62%	77,68%	57,85%	38,81%	**46,23%**
118	Dräger	89,29%	44,97%	84,15%	62,50%	30,72%	**46,07%**
	Capgemini Deutschland Holding GmbH	89,29%	42,72%	81,03%	59,21%	34,31%	**46,07%**
120	Dekra	85,71%	52,65%	81,03%	54,17%	27,69%	**45,96%**
121	Fraunhofer-Gesellschaft	78,57%	49,97%	68,75%	53,82%	32,05%	**45,75%**
	Alstom Deutschland	71,43%	47,13%	73,88%	52,50%	35,28%	**45,75%**
123	HUGO BOSS	92,86%	40,90%	81,25%	55,00%	34,61%	**45,11%**
124	Obi Bau- und Heimwerkermärkte GmbH & Co. Franchise Center KG	78,57%	35,58%	79,69%	67,50%	35,21%	**44,57%**
125	Schenker[8]	78,57%	47,27%	72,32%	54,72%	28,91%	**43,86%**

---

[7] Bewertung bezogen auf Website der Tui Group (www.tui-group.com).
[8] Bewertung bezogen auf internationale Website (www.dbschenker.com).

Rang	Unternehmen	Zugang	Informat.	Design	Navigat.	Interakt.	Gesamt
126	KUKA Group	75,00%	40,61%	76,34%	67,22%	29,23%	**43,55%**
127	Dirk Rossmann	85,71%	26,31%	91,88%	62,50%	40,16%	**43,53%**
128	Bombardier Transportation	85,71%	39,29%	77,90%	50,00%	34,60%	**43,27%**
129	Thomas Cook[9]	71,43%	39,35%	76,34%	50,69%	36,22%	**43,26%**
130	Deutsche Bundesbank	53,57%	39,85%	76,47%	62,50%	33,52%	**43,23%**
131	Praktiker Bau- und Heimwerkermärkte	92,86%	40,33%	81,25%	62,50%	27,32%	**43,12%**
132	Google	57,14%	51,15%	72,10%	48,61%	26,33%	**42,19%**
133	Asklepios Kliniken	75,00%	39,45%	76,12%	56,94%	30,28%	**42,02%**
134	McDonald's Deutschland Inc.	89,29%	36,39%	80,71%	63,33%	28,01%	**41,94%**
135	Phoenix Pharmahandel	75,00%	38,48%	82,37%	59,93%	27,33%	**41,26%**
136	KfW Bankengruppe	71,43%	45,31%	85,09%	65,04%	19,45%	**41,22%**
137	BCG (The Boston Consulting Group)	82,14%	25,04%	87,50%	58,33%	37,81%	**41,12%**
138	Nike	82,14%	42,12%	74,69%	65,00%	21,41%	**40,90%**
139	Edeka Gruppe	78,57%	34,37%	87,50%	62,50%	26,09%	**40,15%**
140	Heidelberger Druckmaschinen	75,00%	45,68%	75,89%	50,83%	22,25%	**40,05%**
141	Liebherr	78,57%	34,53%	73,44%	53,61%	30,78%	**40,04%**
142	Unternehmensgruppe Knauf	78,57%	36,50%	68,08%	50,49%	30,19%	**39,76%**
143	Max-Planck-Gesellschaft	85,71%	49,75%	87,19%	74,44%	6,29%	**39,74%**
144	Rhön-Klinikum	53,57%	44,05%	79,46%	61,88%	19,62%	**39,20%**
145	Peek & Cloppenburg Hamburg	75,00%	36,43%	82,81%	52,50%	25,83%	**38,85%**
146	Globus Handelshof Gruppe	53,57%	33,93%	74,11%	61,11%	27,50%	**38,42%**
147	Deutsche Vermögensberatung	64,29%	35,63%	83,93%	70,00%	18,15%	**37,64%**
148	Apple	82,14%	27,26%	83,75%	55,56%	28,50%	**37,57%**
149	STRABAG[10]	57,14%	35,28%	64,29%	38,33%	33,11%	**37,41%**
150	Enercon	78,57%	26,17%	72,28%	59,72%	28,56%	**37,09%**
151	Dräxlmaier Group	71,43%	28,51%	65,85%	52,92%	30,40%	**36,94%**
152	Amazon	92,86%	36,32%	71,43%	40,00%	22,29%	**35,84%**

[9] Bewertung bezogen auf Website www.thomascook.info.
[10] Bewertung bezogen auf Website www.strabag.de.

Rang	Unternehmen	Zugang	Informat.	Design	Navigat.	Interakt.	Gesamt
153	Ford-Werke	67,86%	45,46%	72,99%	38,13%	15,29%	**34,79%**
154	Blizzard Entertainment	82,14%	20,87%	67,63%	51,39%	29,87%	**34,45%**
155	Netto Marken-Discount	39,29%	37,45%	73,44%	44,93%	22,33%	**34,42%**
156	CLAAS	64,29%	36,48%	84,38%	62,50%	11,15%	**34,04%**
157	Lidl	64,29%	36,74%	81,03%	45,28%	17,71%	**34,00%**
158	Sony Deutschland	78,57%	38,22%	75,89%	49,31%	11,93%	**33,27%**
159	DPD Dynamic Parcel Distribution GmbH & Co. KG	67,86%	25,56%	74,78%	77,54%	12,01%	**32,51%**
160	Epcos	78,57%	27,84%	69,87%	68,61%	12,36%	**32,40%**
161	Würth-Gruppe	75,00%	31,77%	78,57%	35,42%	19,41%	**31,88%**
162	Tengelmann Gruppe	85,71%	26,58%	64,51%	48,61%	18,55%	**31,53%**
163	Deutsches Forschungszentrum für Künstliche Intelligenz	46,43%	25,43%	50,98%	42,01%	23,45%	**29,45%**
164	Dussmann Stiftung & Co. KGaA	60,71%	22,29%	57,14%	65,83%	13,73%	**29,06%**
165	Bundesnachrichtendienst	50,00%	20,46%	77,90%	62,50%	14,84%	**28,87%**
166	ZDF	82,14%	22,02%	77,90%	55,83%	11,82%	**28,81%**
167	Karstadt[11]	71,43%	27,95%	70,54%	38,89%	14,47%	**28,50%**
168	Statistisches Bundesamt	53,57%	24,06%	59,15%	58,33%	10,62%	**27,05%**
169	Deichmann	64,29%	16,76%	69,64%	53,96%	13,89%	**26,21%**
170	Bundesamt für Sicherheit in der Informationstechnik	32,14%	17,95%	80,80%	67,22%	2,22%	**22,90%**

---

[11] Zum Bewertungszeitpunkt befand sich die Karriere-Website im Relaunch.

Kurzvorstellung/-bewertung der TOP 20

Platz 1: Henkel

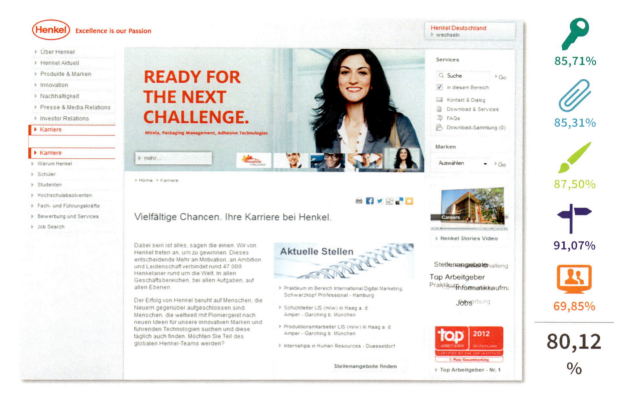

Abbildung 6: Kurzbeschreibung TOP 20 – Platzierung 1: Henkel

2010 noch auf Platz 19, gelingt Henkels Karriere-Website 2012 der Gesamtsieg. Daneben zeigt die Karriere-Website eines der umfangreichsten und aktuellsten Informationsangebote unter allen Unternehmen. Gleichzeitig bietet Henkel mit einer vollständig mobil optimierte Corporate- und Karriere-Website das umfassendste mobile Informationsspektrum und deckt hierdurch auch den Themenkomplex Mobile Recruiting gut ab. Außerdem zeichnet sich die (stationäre) Karriere-Website durch ein zeit- und webgerechtes Design aus und offeriert eine Vielzahl von Navigationsalternativen. Neben dem Gesamtsieg zeigt Henkels Karriere-Website auch das beste Ergebnis im Cluster Interaktivität, z.B. bietet nur ein weiteres Unternehmen so umfangreiche Online-Assessments an.

Platz 2: Daimler

96,43%

86,49%

68,30%

88,61%

54,20%

73,48 %

Abbildung 7: Kurzbeschreibung TOP 20 – Platzierung 2: Daimler

Die Karriere-Website von Daimler zeigt 2012 die umfangreichsten Zugangsmöglichkeiten (stationär sowie über Social Media). Aber auch der Zugang über den mobilen Kanal ist sehr ausgeprägt (mobile Karriere-Website und mobile Applikation). Daneben überzeugt Daimler mit dem insgesamt größten Informationsgehalt, wobei gerade weiche Themen wie die Veränderung der Lebensumstände und Informationen zu CSR-Themen umfassend Beachtung finden. Aber auch bei den allgemeinen HR-Informationen, dem Informationsgehalt der Stellenangebote sowie der Aktualität der Informationen überzeugt Daimler vollständig und zeigt Bestleistungen. Zudem liefert Daimler auf dem mobilen Kanal 2012 das zweithöchste Informationsangebot (zusammen mit EADS). Neben einer guten Navigation und Usability des stationären Angebots ist gerade das mobile Angebot (mit anderen zusammen) das Beste im Bereich mobiler Usability. Des Weiteren überzeugt Daimler mit den gebotenen interaktiven Elementen, besonders stechen die Funktionalitäten des Stellenmarktes sowie das Mobile Recruiting-Angebot heraus.

Platz 3: Bayer

Abbildung 8: Kurzbeschreibung TOP 20 – Platzierung 3: Bayer

Nach einem Sieg in der Gesamtwertung der Studie „HR im Internet 2010" belegt die ebenfalls über alle Kanäle hinweg sehr „zugängliche" Karriere-Website von Bayer 2012 ganz knapp hinter Daimler den dritten Platz. Wie schon zuvor zeichnet diese sich durch ein umfangreiches Informationsangebot aus, das speziell auch bei dem Thema Unternehmenskultur und -philosophie sowie bei der Aktualität der gebotenen Informationen überzeugt und darüber hinaus auch auf dem mobilen Kanal einen zufriedenstellenden Informationsgehalt liefert. Über die Informationen hinaus zeigt Bayers Karriere-Website sowohl stationär, als auch auf dem mobilen Kanal Bestleistungen im Bereich der Navigation und Usability, wodurch diese intuitiv zu bedienen bzw. einfach erfassen ist. Des Weiteren verfügt die Karriere-Website insgesamt über einen hohen Interaktivitätsgrad, der sich neben einem funktionalen Stellenmarkt besonders durch eines der umfangreichsten Angebote an interaktiven Karriere-Tools in der Studie 2012 zeigt. Abgerundet wird dieses Angebot durch die Möglichkeit von Mobile Recruiting mittels der myBayerjob-App.

Platz 4: Fresenius

82,14%
80,64%
89,15%
86,95%
54,65%

71,69 %

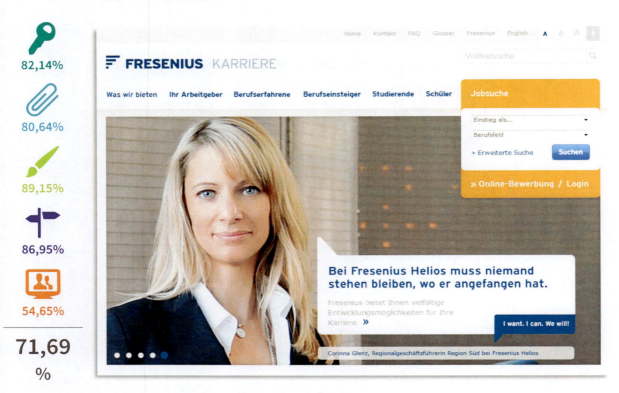

Abbildung 9: Kurzbeschreibung TOP 20 – Platzierung 4: Fresenius

Belegte Fresenius 2010 noch Platz 68, gelang deren Karriere-Website in diesem Jahr der Sprung auf Platz vier mit guten Werten in sämtlichen Clustern. Neben allgemein guten Zugangswerten verfügt Fresenius auch über eine mobile Karriere-Website. Überzeugend wirkt das nach den beiden Erst- und Zweitplatzierten umfangreichste Informationsangebot insgesamt, wobei gerade für Absolventen breit gefächerte Inhalte existieren. Weiterhin charakteristisch sind die zufriedenstellenden Stellenangebotsbeschreibungen und die hohe Aktualität der Informationen. Auch der mobile Kanal wird ausreichend mit Inhalten versorgt. Sehr gute Cluster-Bewertungen erhielt die Karriere-Website auch bei Design sowie Navigation und Usability; speziell die gelungene Seitenstruktur, die allgemein sehr zeitgemäße Aufbereitung und die vielfältigen Navigationsalternativen überzeugten hier. Bei der Interaktivität stechen der umfangreiche Stellenmarkt, das Bewerbungsmodul, die Online-Assessments sowie die karrierespezifische Präsenz auf vielen Social Media-Kanälen heraus. Letztlich überzeugt auch hier das Mobile Recruiting-Angebot.

Platz 5: Deutsche Post DHL

Abbildung 10: Kurzbeschreibung TOP 20 – Platzierung 5: Deutsche Post DHL

Die Karriere-Website der Deutschen Post DHL stellt ebenfalls eines der umfangreichsten Informationsangebote unter allen bewerteten Unternehmen 2012 zur Verfügung. Ganz besonders die Inhalte zur Beschreibung des Bewerbungsprozesses, die Angaben zu den Themen Unternehmenskultur und -philosophie sowie Corporate Social Responsibility stechen heraus. Aber auch die Inhalte und Funktionalitäten der Stellenangebote überzeugen zusammen mit der hohen Aktualität der Informationen. Zugang zu grundlegenden, karrierespezifischen Informationen wird auch durch das Angebot einer mobilen Karriere-Website ermöglicht. Darüber hinaus erfüllt die Karriere-Website der Deutschen Post DHL sämtliche Anforderungen des Clusters Design und stellt hier (neben IBM) den Best Practice dar (z.B. barrierefreie und webgerechte Aufbereitung der Inhalte). Dabei wurde zugleich auf eine sehr schlüssige Navigationsstruktur der Karriere-Website geachtet. Nicht zuletzt punktet die Karriere-Website der Deutschen Post DHL auch mit ihrer interaktiven Ausrichtung; gerade der funktionale Umfang des Stellenmarktes, der Jobagent sowie das Angebot von Online-Assessments suchen in der Studie 2012 ihresgleichen.

Platz 6: ThyssenKrupp

89,29%

77,16%

83,93%

84,33%

57,33%

71,25 %

Abbildung 11: Kurzbeschreibung TOP 20 – Platzierung 6: ThyssenKrupp

Während die Karriere-Website im Cluster Zugang zufriedenstellende Werte liefert und über eine mobile Version verfügt, überzeugen besonders die zur Verfügung gestellten Informationen, die zu den umfangreichsten in den aktuellen Bewertungen zählen. Besonders authentisch wirken vor allem die karrierespezifischen Informationen, wodurch ThyssenKrupp eine sehr gelungene und zielgruppenorientierte Nutzeransprache gelingt; speziell bei den Informationen für Berufserfahrene erzielt die Karriere-Website Bestwerte. Weiterhin runden die Inhalte zu allgemeinen HR-Informationen sowie die Angaben zur Vergütung und Wettbewerbsfähigkeit des Unternehmens das stimmige Angebot ab. Abschließend zeichnet sich die Karriere-Website auch durch ihr Interaktivitätsangebot sowie ihre Funktionsvielfalt aus. Die Leistungen im Stellenmarkt bestehen hauptsächlich durch Bestwerte bei Angeboten wie der Suchergebnisliste und dem Benutzerkonto, aber auch die Personalisierungsmöglichkeiten und das Online-Assessment-Angebot sind „top".

Platz 7: Siemens

Abbildung 12: Kurzbeschreibung TOP 20 – Platzierung 7: Siemens

Nach Platz 20 in der Studie 2010 erreicht Siemens aktuell die TOP 10. Hierbei zählt die Karriere-Website von Siemens zu den Bestbewerteten im Cluster Zugang und belegt durch das Angebot einer mobilen Karriere-Website und einer mobilen (Karriere bzw. Corporate-)Applikation ebenfalls beim mobilen Zugang einen der obersten Ränge. Ebenfalls liefert die Karriere-Website insgesamt einen umfassenden Informationsgehalt, besonders die karrierespezifischen Informationen (allen voran für die Zielgruppe Studenten und Absolventen), die Informationen zum Bewerbungsprozess sowie die allgemeinen HR-Informationen (Bestleistungen im Bereich Vergütungsangaben) und darüber hinaus das Informationsspektrum der Stellenangebote wirken überzeugend. Zufriedenstellend sind auch die mobil zugänglichen Informationen wie auch die mobile Usability. Bei der Interaktivität stellt die Karriere-Website einen Best Practice dar und erzielt speziell bei Funktionen wie Benutzerkonto und Personalisierung sowie der Thematik Talent Relationship Management Bestleistungen, was die Bedeutung des Themas hervorhebt.

Platz 8: Bertelsmann

92,86%

71,35%

85,94%

77,58%

61,45%

70,13 %

Abbildung 13: Kurzbeschreibung TOP 20 – Platzierung 8: Bertelsmann

Die Karriere-Website von Bertelsmann ist ebenfalls über alle Kanäle hinweg eine der zugänglichsten in der diesjährigen Studie. Hinsichtlich des Angebots karrierespezifischer Informationen zeigt Bertelsmann besonders bei Schülern und Studenten Bestleistungen. Aber auch die Informationen zu Themen wie Beschäftigungsbedingungen, Vergütung sowie Entwicklungsmöglichkeiten deckt die Karriere-Website mehr als zufriedenstellend ab. Bezogen auf die Informationen einzelner Stellenangebote sowie deren Funktionsumfang zeigt die Karriere-Website Best Practice-Niveau und überzeugt darüber hinaus mit ihrer Aktualität. Besonders herausstechend ist die hohe Interaktivität der Karriere-Website (zweithöchste Bewertung in ganzer Studie). Diese zeigt sich beispielsweise im funktionalsten Stellenmarkt aller Unternehmen und hier speziell in dem sehr umfangreichen Jobagent. Aber auch bei dem Thema Talent Relationship Management und den interaktiven Karrieretools (z.B. Integration von Twitter-Streams etc.) zeigt Bertelsmann Bestleistungen und präsentiert sich dadurch als sehr offener und moderner Arbeitgeber.

Platz 9: BMW

Abbildung 14: Kurzbeschreibung TOP 20 – Platzierung 9: BMW

BMWs Karriere-Website liefert ein Informationsangebot, dass sich bezüglich der Inhalte ebenfalls zu den TOP 20 in der aktuellen Ausgabe zählen kann. Besonders überzeugend wirken hier die karrierespezifischen Informationen für die Zielgruppe Studenten, außerdem zeigt BMW Bestleistungen hinsichtlich Informationen zu Beschäftigungsbedingungen, Angaben zur Vergütung sowie der gebotenen Informationsfülle in einzelnen Stellenangeboten, wobei die Informationsangebote jeweils eine hohe Aktualität aufweisen. Insgesamt zeigt die Karriere-Website von BMW eine sehr zeitgerechte Inhalteaufbereitung, nutzt sämtliche in dieser Studie bewerteten Navigationsalternativen und verfügt über eine makellose Usability. Bezogen auf die Interaktivität sind besonders die Erweiterte Suche (mittels Suchkriterien) sowie die Suchergebnisse im Stellenmarkt als sehr gut gelungen anzusehen, aber auch bei den Inhalten und Funktionen des Bewerbungsmoduls sowie den Personalisierungsmöglichkeiten im Benutzerkonto liefert BWM Bestleistungen.

Platz 10: Deutsche Telekom

85,71%

71,55%

87,50%

88,25%

56,16%

69,40 %

Abbildung 15: Kurzbeschreibung TOP 20 – Platzierung 10: Deutsche Telekom

Die Karriere-Website der Deutschen Telekom belegt in der Studienauflage 2012 mit guten Leistungen über alle Cluster hinweg insgesamt den zehnten Platz. Insbesondere die Inhalte, die die Karriere-Website bezüglich der Wettbewerbsfähigkeit des Unternehmens bereithält, aber auch die Informationen und Funktionen in den einzelnen Stellenangeboten stechen hierbei mit sehr guten Ergebnissen in der Bewertung heraus. Ebenfalls die für den mobilen Kanal bereitgestellten Informationen sind zufriedenstellend. Alles in allem bietet die Karriere-Website der Deutschen Telekom eine sehr zeit- und webgerechte Aufbereitung der dargebotenen Inhalte an und verwendet dabei eine sehr übersichtliche Navigation. Bezogen auf die interaktiven Elemente der Karriere-Website sind hauptsächlich der funktionale Jobagent sowie das Angebot von Online-Assessments zu nennen, die in der Bewertung überzeugten. Letztlich ist auch das Mobile Recruiting-Angebot der Deutschen Telekom auf dem mobilen Kanal positiv hervorzuheben.

Platz 11: EADS

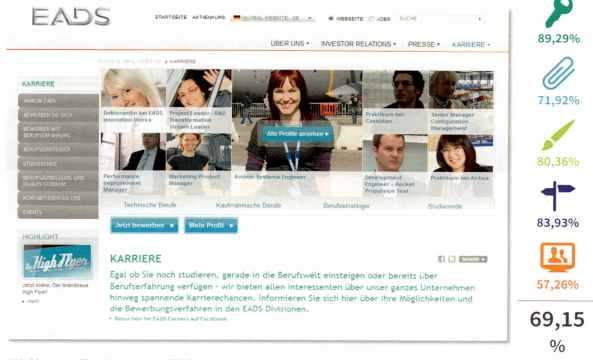

Abbildung 16: Kurzbeschreibung TOP 20 – Platzierung 11: EADS

Belegte die Karriere-Website von EADS in der Studienauflage von 2010 noch den 27. Platz, verpasste sie in diesem Jahr nur knapp die TOP 10. Neben allgemein guten Ergebnissen im Cluster Zugang ist besonders der mobile Bereich hervorzuheben. Hier bietet EADS sowohl eine mobile Karriere-Website, als auch eine mobile Corporate-Applikation. Auch hinsichtlich des Informationsumfangs zeigt die Karriere-Website insgesamt zufriedenstellende Ergebnisse. Vor allem überzeugen hier der hohe Aktualitätsgrad der Inhalte sowie das mobile Informationsangebot, das zusammen mit Daimler das zweitbeste Angebot der ganzen Studie darstellt. Zugleich zeigt EADS auch bei der webgerechten Aufbereitung der Inhalte Bestleistungen, bietet Besuchern eine insgesamt schlüssige Navigationsstruktur an und überzeugt mit einer guten, mobilen Usability. Abschließend verfügt die Karriere-Website von EADS über einen hohen Interaktivitätsgrad. Herausstechend sind die sehr guten Ergebnisse des Jobagents, der Funktionsumfang des Bewerbungsmoduls sowie die vielfältigen Personalisierungsmöglichkeiten im Benutzerkonto. Abgerundet wird das Angebot durch die Möglichkeit von Mobile Recruiting.

Platz 12: Otto Group

92,86%

75,14%

84,38%

75,71%

53,80%

68,04 %

Abbildung 17: Kurzbeschreibung TOP 20 – Platzierung 12: Otto Group

Genau wie in der Studienauflage 2010 verpasst die Otto Group wieder knapp die TOP 10 in diesem Jahr. Besonders charakteristisch ist neben der über alle Kanäle (stationär, Web 2.0, mobil) hinweg sehr „zugänglichen" Karriere-Website vor allem deren herausragendes karriere-spezifisches, aber auch umfangreiches, allgemeines HR-Informationsangebot. Beispielsweise zeigt Otto Bestleistungen bei dem Informationsangebot zum Bewerbungsprozess sowie dem Angebot von Informationen zu anstehenden Veränderungen der Lebensumstände, aber auch bei Themen wie Unternehmenskultur sowie Vergütung. Ebenfalls sind sämtliche Zielgruppeninformationen direkt von der Homepage der Karriere-Website abrufbar, was eine sehr gezielte Informationssuche für diese einzelnen Gruppen ermöglicht. Darüber hinaus bietet die Karriere-Website der Otto Group eine hohe Interaktivität, die sich neben anderen Punkten besonders in einem der umfang- bzw. funktionsreichsten Bewerbungsmodul, aber auch in der Beachtung des Themas Talent Relationship Management zeigt.

Platz 13: Boehringer Ingelheim

Abbildung 18: Kurzbeschreibung TOP 20 – Platzierung 13: Boehringer Ingelheim

Auch der Karriere-Website von Boehringer Ingelheim, die ebenfalls auf dem mobilen Kanal durch das Angebot einer mobilen Karriere-Website sowie einer Corporate-App umfangreiche Zugangsmöglichkeiten bietet, gelingt in diesem Jahr der Sprung in die TOP 20. Insgesamt überzeugt das Informationsspektrum der Karriere-Website vollständig. Sehr gute Ergebnisse zeigt Boehringer Ingelheim beispielsweise bei den karrierespezifischen Informationen für die Zielgruppe Absolventen, bei den Inhalten bezüglich der Veränderung der Lebensumstände, aber auch bei allgemeinen HR-Informationen wie z.B. den Beschäftigungsbedingungen sowie den Inhalten der einzelnen Stellenangebote. Ebenfalls die auf dem mobilen Kanal zur Verfügung gestellten Informationen wirken zufriedenstellend. Weiterhin bietet die Karriere-Website eine schlüssige Navigationsstruktur sowie sämtliche, in der Studie bewerteten Navigationsalternativen, sodass einem Nutzer schnell eine Orientierung gelingt. Zuletzt sind bezogen auf die Interaktivität der Karriere-Website vor allem die umfangreichen Inhalte des Bewerbungsmoduls zu nennen.

Platz 14: SAP

92,86%

64,19%

72,32%

77,94%

57,90%

65,58 %

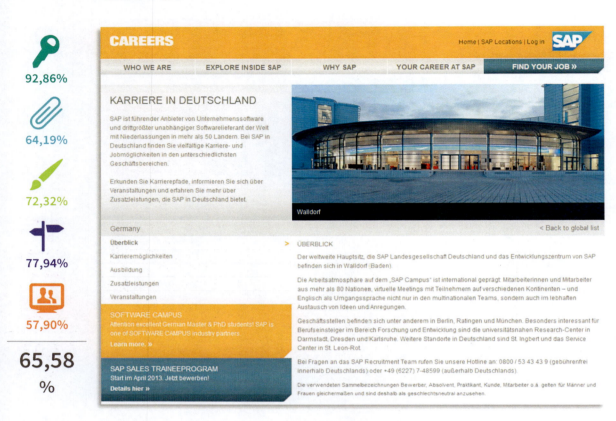

Abbildung 19: Kurzbeschreibung TOP 20 – Platzierung 14: SAP

Im Vergleich zur Studienauflage 2010 konnte die Karriere-Website von SAP aktuell drei Ränge aufholen. Die leicht zu erfassende und übersichtlich gestaltete Karriere-Website bietet vielfältige Zugangsmöglichkeiten, ebenfalls der mobile Kanal wird u.a. durch eine mobile Karriere-Website bedient. Die Ergebnisse im Cluster Information sind besonders bei Themen wie der Vergütung, aber auch bei allgemeinen HR-Informationen sowie den Funktionen in den Stellenangeboten durchaus zufriedenstellend. Überzeugen kann SAP darüber hinaus mit dem angebotenen, mobil zugänglichen Informationsspektrum. Dieses erzielt übrigens zusammen mit dem von DATEV eines der besten Ergebnisse hinsichtlich der mobilen Usability in der diesjährigen Studie. Zuletzt erreicht die Karriere-Website von SAP eine der höchsten Bewertungen im Cluster Interaktivität, im Stellenmarkt beispielsweise überzeugt im Besonderen der Jobagent, aber auch die Inhalte des Bewerbungsmoduls sowie das Mobile Recruiting-Angebot sind zufriedenstellend abgedeckt.

Platz 15: Audi

Abbildung 20: Kurzbeschreibung TOP 20 – Platzierung 15: Audi

Unverändert zur Studienauflage 2010 belegt Audi wieder den 15. Platz, wobei die Karriere-Website insgesamt den Großteil der Anforderungen hinsichtlich des Zugangs erfüllt und in diesem Kontext auch den mobilen Kanal durch das Angebot einer mobilen Karriere-Website sowie unter anderem einer Corporate-Applikation mit Unternehmensinformationen bedient. Der Informationsgehalt der Karriere-Website ist besonders bezüglich den karrierespezifischen Informationen für die Zielgruppe der Absolventen sowie aufgrund von Bestleistungen in den umfangreichen Stellenbeschreibungen positiv hervorzuheben. Dabei überzeugt Audis Karriere-Website mit einer schlüssigen Navigation sowie mit der Usability ihrer mobilen Angebote. Darüber hinaus erzielt die Karriere-Website im Cluster Interaktivität insgesamt gute Ergebnisse. Insbesondere der Jobagent, der Stellenmarkt sowie die Inhalte des Bewerbungsmoduls (speziell die Bereiche Studium und Berufs-/Projekterfahrung) sind hier hervorzuheben. Außerdem verfügt Audi zusammen mit Randstad über das umfangreichste Mobile Recruiting-Angebot der ganzen Studie.

Platz 16: BASF

92,86%

67,09%

86,07%

89,48%

45,08%

63,88 %

Abbildung 21: Kurzbeschreibung TOP 20 – Platzierung 16: BASF

Nach Platzierung 25 in der Studienauflage von 2010 gelingt auch der Karriere-Website von BASF in diesem Jahr der Sprung in die TOP 20, wobei diese sowohl auf dem stationären, als auch dem mobilen Kanal Zugangsmöglichkeiten bietet. Das von BASF zur Verfügung gestellte Informationsangebot ist grundlegend zufriedenstellend, besonders bei den karrierespezifischen Informationen für die Zielgruppe Studenten sowie dem Informationsangebot zur Beschreibung des Bewerbungsprozesses zeigt die Karriere-Website von BASF Bestleistungen. Dabei zeichnen sich die Informationen stets durch einen hohen Aktualitätsgrad aus. Insgesamt zeigen die Inhalte eine zeitgerechte Aufbereitung, des Weiteren überzeugt auch die gebotene Usability der Karriere-Website vollständig (sowohl stationär, als auch mobil) und bietet einem Nutzer vielfältige Navigationsalternativen. Im Cluster Interaktivität stechen bei der Karriere-Website von BASF vor allem der Jobagent sowie die gebotenen Funktionen zu Benutzerkonto und Personalisierung positiv heraus.

Platz 17: Roche Diagnostics

Abbildung 22: Kurzbeschreibung TOP 20 – Platzierung 17: Roche Diagnostics

Die Karriere-Website von Roche Diagnostics konnte in der diesjährigen Studienauflage nach Platzierung 41 (2010) den Einzug in die TOP 20 schaffen. Bezüglich des Informationsspektrums zeigt die Karriere-Website noch ein zufriedenstellendes Gesamtergebnis mit einer Platzierung im oberen Viertel, wobei hier insbesondere die karrierespezifischen Informationen für die Zielgruppe der Berufserfahrenen sowie die Bestleistungen bei den Stellenangeboten sehr positiv herausstechen; auch der Aktualitätsgrad überzeugt an dieser Stelle. Die Karriere-Website von Roche Diagnostics zeigt weiterhin insgesamt gute Leistungen im Cluster Navigation und Usability und bietet beispielsweise nahezu alle geforderten Navigationsalternativen an. Ebenfalls hinsichtlich des gebotenen Interaktivitätsgrades kann die Karriere-Website mit insgesamt noch über 50 Prozent Erfüllungsgrad ein gutes Ergebnis erzielen. Vor allem die Leistungen im Stellenmarkt (speziell das Angebot der verschiedenen Suchmöglichkeiten) sowie die Beachtung der Thematik Talent Relationship Management sind als positiv hervorzuheben.

Platz 18: PricewaterhouseCoopers (PwC)

92,86%

61,50%

81,88%

84,29%

51,00%

63,30 %

Abbildung 23: Kurzbeschreibung TOP 20 – Platzierung 18: PricewaterhouseCoopers

Die sowohl auf dem stationären, als auch mobilen Kanal zugängliche Karriere-Website von PricewaterhouseCoopers belegt nach Platz 14 in der vorherigen Studienauflage aktuell den 18. Platz. Das gebotene Informationsspektrum überzeugt besonders bei den karrierespezifischen Informationen für die Zielgruppe der Schüler und Studenten, Bestleistungen zeigt es (zusammen mit ThyssenKrupp) bei der Zielgruppe der Berufserfahrenen. Aber auch die Informationen zum Bewerbungsprozess sowie die auf der Karriere-Website zur Verfügung gestellten allgemeinen HR-Informationen sind zufriedenstellend. Besonders Themen wie Unternehmenskultur und -philosophie und Weiterentwicklungsmöglichkeiten im Unternehmen werden ausführlich behandelt. Bezogen auf die Interaktivität der Karriere-Website von PwC sind vor allem die Leistungen im Bereich des Talent Relationship Managements hervorzuheben, beispielsweise erreicht die Karriere-Website bei den Informationen und Services für Interessenten des TRM-Pools sehr gute Bewertungen, neben den anderen, zur Verfügung gestellten Karriere-Tools.

Platz 19: Accenture

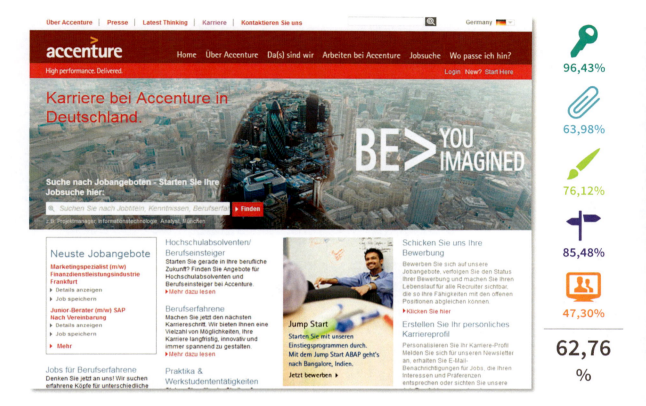

Abbildung 24: Kurzbeschreibung TOP 20 – Platzierung 19: Accenture

Accentures Karriere-Website konnte nach dem Belegen von Platz 30 in der Studienauflage 2010 ebenfalls den Sprung in die TOP 20 der diesjährigen Studie bewältigen. Hierbei stellt die Karriere-Website mit Bestwerten im Cluster Zugang stellvertretend einen Best Practice dar. Sowohl stationär, über Soziale Medien, als auch über den mobilen Kanal (beispielsweise durch eine sehr umfangreiche mobile Karriere-Website) zeigt die Karriere-Website von Accenture hier beste Ergebnisse. Der Informationsgehalt ist insgesamt zufriedenstellend, genau wie die Beschreibung der jeweiligen Stellenangebote. Besonders die mobilen Karriereinformationen stechen hierbei positiv heraus. Außerdem ist die Karriere-Website aufgrund einer guten Navigation schnell und einfach zugänglich. Während die Ergebnisse bezüglich des Interaktivitätsgrades der Karriere-Website von Accenture insgesamt noch im oberen Viertel der Studie positioniert sind, ist das Mobile Recruiting-Angebot nochmals positiv hervorzuheben.

Platz 20: Shell

85,71%

66,71%

88,53%

86,71%

44,07%

62,69 %

Abbildung 25: Kurzbeschreibung TOP 20 – Platzierung 20: Shell

Während die Karriere-Website von Shell in der Studienauflage von 2010 noch Platz 42 belegte, gelang aktuell als letztes Unternehmen der Einzug in die TOP 20. Hierbei wurde die Karriere-Website von Shell ebenfalls über die verschiedenen Kanäle hinweg als sehr zugänglich bewertet. Das Informationsspektrum wirkt insgesamt vollständig, besonders die Informationen bezüglich der Stellenangebote sowie die bereitgestellten, für den mobilen Zugang optimierten Inhalte zeigen Bestleistungen. Auch im Cluster Design zeigt die Karriere-Website von Shell zufriedenstellende Leistungen, genau wie im Cluster Navigation & Usability. An dieser Stelle fallen vor allem die gebotenen Navigationsalternativen sowie die Ergebnisse bezüglich der mobilen Usability positiv auf. Abschließend sind die Leistungen bezogen auf den gebotenen Interaktivitätsgrad der Karriere-Website noch im oberen Drittel der Studie einzuordnen. Hervorzuheben sind hier jedoch das Angebot interaktiver Karriere-Tools sowie zumindest grundlegende Mobile Recruiting-Funktionen.

Ranking nach dem Cluster Zugang

Überblick Cluster Zugang

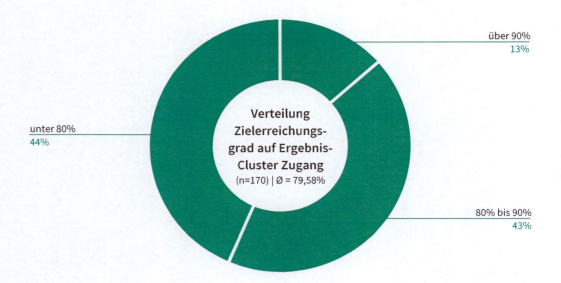

Verteilung Zielerreichungsgrad auf Ergebnis-Cluster Zugang
(n=170) | Ø = 79,58%

- über 90%: 13%
- 80% bis 90%: 43%
- unter 80%: 44%

▲

TOP 10 Aufsteiger nach Vergleich der Cluster-Ergebnisse Zugang 2010 und 2012

+44,8%	Capgemini Deutschland
+42,9%	Schaeffler Gruppe
+41,3%	Auswärtiges Amt
+37,7%	C&A
+34,1%	Coca-Cola Erfrischungsgetränke
+33,7%	Dr. August Oetker
	IKEA Deutschland
	DATEV
+32,1%	B. Braun Melsungen
	Boston Consulting Group
	ZDF

Rang	Unternehmen	Zugang	Informat.	Design	Navigat.	Interakt.	Gesamt
1	Daimler	96,43%	86,49%	68,30%	88,61%	54,20%	73,48%
	Bayer	96,43%	77,05%	78,79%	95,83%	58,39%	73,46%
	Siemens	96,43%	73,62%	86,52%	74,90%	60,35%	70,29%
	Accenture	96,43%	63,98%	76,12%	85,48%	47,30%	62,76%
	Beiersdorf	96,43%	54,32%	76,43%	79,76%	41,93%	56,39%
6	Deutsche Post DHL	92,86%	72,11%	100,00%	89,64%	57,52%	71,34%
	Bertelsmann	92,86%	71,35%	85,94%	77,58%	61,45%	70,13%
	Otto Group	92,86%	75,14%	84,38%	75,71%	53,80%	68,04%
	SAP	92,86%	64,19%	72,32%	77,94%	57,90%	65,58%
	BASF	92,86%	67,09%	86,07%	89,48%	45,08%	63,88%
	PricewaterhouseCoopers (PwC)	92,86%	61,50%	81,88%	84,29%	51,00%	63,30%
	Nestlé Deutschland	92,86%	60,28%	84,15%	96,43%	44,93%	62,38%
	SMA Solar Technology	92,86%	73,46%	83,93%	69,45%	43,25%	62,27%
	Merck	92,86%	58,61%	90,00%	80,36%	45,98%	60,10%
	Deutsche Lufthansa	92,86%	61,89%	83,93%	66,55%	48,69%	59,96%
	Volkswagen	92,86%	54,58%	83,93%	72,54%	51,65%	59,48%
	Deutsche Bank	92,86%	53,10%	84,64%	83,93%	44,46%	57,83%
	Schaeffler Gruppe	92,86%	60,12%	76,79%	71,19%	42,34%	57,14%
	EnBW (Energie Baden-Württemberg)	92,86%	53,10%	82,59%	69,64%	38,97%	53,39%
	Carl Zeiss	92,86%	46,00%	84,38%	70,00%	39,10%	51,10%
	HUGO BOSS	92,86%	40,90%	81,25%	55,00%	34,61%	45,11%
	Praktiker Bau- und Heimwerkermärkte	92,86%	40,33%	81,25%	62,50%	27,32%	43,12%
	Amazon	92,86%	36,32%	71,43%	40,00%	22,29%	35,84%
24	ThyssenKrupp	89,29%	77,16%	83,93%	84,33%	57,33%	71,25%
	EADS	89,29%	71,92%	80,36%	83,93%	57,26%	69,15%
	Audi	89,29%	59,12%	84,15%	83,93%	57,65%	65,01%
	IBM Deutschland	89,29%	64,66%	100,00%	54,72%	48,87%	59,85%
	Commerzbank	89,29%	55,23%	82,81%	68,61%	53,68%	59,70%
	Postbank	89,29%	58,79%	95,00%	87,50%	40,27%	59,02%
	Robert Bosch	89,29%	56,41%	91,43%	61,11%	51,56%	58,57%
	Evonik Industries	89,29%	60,49%	82,81%	66,11%	41,29%	56,21%
	Deloitte	89,29%	52,77%	85,40%	70,00%	41,27%	54,21%
	Roland Berger Strategy Consultants	89,29%	49,87%	88,30%	69,72%	37,60%	51,83%
	Rewe Group	89,29%	49,93%	84,38%	70,00%	31,95%	49,44%
	CISCO	89,29%	44,14%	82,59%	69,88%	35,47%	48,72%

Tabelle 2: Cluster-Ranking Zugang

Rang	Unternehmen	Zugang	Informat.	Design	Navigat.	Interakt.	Gesamt
	Dr. August Oetker	89,29%	29,65%	96,88%	62,50%	49,12%	48,71%
	DELL	89,29%	35,70%	86,74%	60,63%	45,65%	48,65%
	Phoenix Contact	89,29%	52,47%	82,59%	57,99%	30,79%	47,97%
	Celesio	89,29%	48,81%	82,81%	59,72%	31,81%	47,37%
	IKEA Deutschland	89,29%	52,46%	83,93%	56,94%	28,23%	46,85%
	Dräger	89,29%	44,97%	84,15%	62,50%	30,72%	46,07%
	Capgemini Deutschland Holding GmbH	89,29%	42,72%	81,03%	59,21%	34,31%	46,07%
	McDonald's Deutschland Inc.	89,29%	36,39%	80,71%	63,33%	28,01%	41,94%
44	Henkel	85,71%	85,31%	87,50%	91,07%	69,85%	80,12%
	BMW Group	85,71%	71,44%	85,94%	89,29%	56,45%	69,56%
	Deutsche Telekom	85,71%	71,55%	87,50%	88,25%	56,16%	69,40%
	Roche Diagnostics	85,71%	60,40%	84,96%	89,17%	51,57%	63,67%
	Shell	85,71%	66,71%	88,53%	86,71%	44,07%	62,69%
	Randstad Deutschland	85,71%	59,06%	78,13%	74,64%	50,68%	60,33%
	Fraport	85,71%	59,21%	76,12%	81,11%	43,30%	58,30%
	RWE	85,71%	58,26%	82,37%	59,10%	46,78%	56,37%
	Porsche	85,71%	51,25%	84,38%	77,58%	40,61%	54,32%
	Sparkassen-Finanzgruppe	85,71%	54,43%	74,55%	60,17%	41,88%	52,84%
	Red Bull	85,71%	36,38%	78,13%	87,50%	44,79%	51,97%
	Microsoft Deutschland	85,71%	45,59%	85,71%	66,75%	40,90%	50,90%
	Auswärtiges Amt	85,71%	45,06%	81,03%	85,48%	34,10%	50,57%
	Deutsches Zentrum für Luft- und Raumfahrt	85,71%	50,13%	71,65%	71,24%	35,75%	50,40%
	Tognum AG MTU Friedrichshafen	85,71%	54,09%	84,38%	61,25%	34,11%	50,27%
	Salzgitter	85,71%	53,03%	84,38%	61,94%	33,23%	49,65%
	Douglas (Holding)	85,71%	47,77%	88,75%	60,00%	37,00%	49,24%
	TUI	85,71%	47,56%	78,17%	52,85%	40,26%	48,87%
	ProSiebenSat.1 Media	85,71%	57,29%	87,50%	57,50%	27,97%	48,52%
	Dekra	85,71%	52,65%	81,03%	54,17%	27,69%	45,96%
	Dirk Rossmann	85,71%	26,31%	91,88%	62,50%	40,16%	43,53%
	Bombardier Transportation	85,71%	39,29%	77,90%	50,00%	34,60%	43,27%
	Max-Planck-Gesellschaft	85,71%	49,75%	87,19%	74,44%	6,29%	39,74%
	Tengelmann Gruppe	85,71%	26,58%	64,51%	48,61%	18,55%	31,53%

Rang	Unternehmen	Zugang	Informat.	Design	Navigat.	Interakt.	Gesamt
68	Fresenius	82,14%	80,64%	89,15%	86,95%	54,65%	71,69%
	Boehringer Ingelheim	82,14%	73,96%	83,93%	89,29%	48,61%	67,03%
	DATEV	82,14%	66,81%	89,87%	93,21%	41,54%	62,58%
	HypoVereinsbank	82,14%	61,34%	88,53%	91,87%	43,52%	61,19%
	Festo	82,14%	61,65%	75,18%	80,75%	46,74%	60,25%
	Ferchau Engineering	82,14%	61,88%	82,14%	78,13%	45,51%	59,79%
	KPMG	82,14%	56,87%	95,00%	70,00%	49,16%	58,92%
	Vodafone	82,14%	59,45%	82,59%	62,50%	47,83%	57,55%
	Allianz Gruppe	82,14%	56,13%	87,50%	64,72%	48,12%	57,08%
	ABB	82,14%	59,96%	76,52%	78,87%	39,22%	56,44%
	Continental	82,14%	60,34%	84,15%	58,06%	44,17%	55,81%
	MAN Gruppe	82,14%	64,67%	79,69%	55,06%	41,16%	55,45%
	Philips	82,14%	51,19%	82,59%	60,83%	47,06%	54,10%
	L'Oréal Deutschland	82,14%	53,00%	77,46%	51,94%	49,02%	53,93%
	Münchner Rück (Munich Re)	82,14%	60,41%	91,88%	59,38%	36,91%	53,51%
	Arvato	82,14%	48,68%	78,13%	68,61%	42,45%	52,32%
	DZ Bank	82,14%	45,61%	82,14%	68,61%	44,58%	52,30%
	C&A Mode & Co.	82,14%	38,96%	85,94%	96,43%	37,45%	51,48%
	B. Braun Melsungen	82,14%	51,41%	83,62%	64,44%	37,64%	51,00%
	Deutsche Börse	82,14%	49,42%	65,40%	56,11%	42,45%	50,07%
	Vattenfall Europe	82,14%	53,68%	67,90%	49,31%	38,62%	49,13%
	SolarWorld	82,14%	54,92%	75,89%	64,44%	29,73%	48,68%
	Voith	82,14%	43,99%	81,25%	55,00%	40,25%	47,92%
	Osram	82,14%	37,19%	81,25%	65,00%	39,45%	46,72%
	BCG (The Boston Consulting Group)	82,14%	25,04%	87,50%	58,33%	37,81%	41,12%
	Nike	82,14%	42,12%	74,69%	65,00%	21,41%	40,90%
	Apple	82,14%	27,26%	83,75%	55,56%	28,50%	37,57%
	Blizzard Entertainment	82,14%	20,87%	67,63%	51,39%	29,87%	34,45%
	ZDF	82,14%	22,02%	77,90%	55,83%	11,82%	28,81%
97	Ernst & Young	78,57%	66,82%	75,67%	64,67%	52,30%	61,72%
	UBS	78,57%	61,16%	74,11%	63,94%	54,89%	60,59%
	Bilfinger Berger	78,57%	53,45%	84,15%	68,61%	48,39%	56,49%
	Deutsche Bahn	78,57%	49,56%	87,50%	77,14%	45,93%	55,59%
	Tchibo	78,57%	55,48%	70,54%	63,61%	47,36%	55,36%
	E.ON	78,57%	50,04%	87,50%	68,33%	45,38%	54,22%
	TÜV Rheinland Group	78,57%	47,94%	79,46%	55,21%	49,34%	52,70%

Rang	Unternehmen	Zugang	Informat.	Design	Navigat.	Interakt.	Gesamt
	Hochtief	78,57%	60,57%	87,19%	46,32%	37,69%	51,51%
	Coca-Cola Erfrischungsgetränke	78,57%	54,12%	87,50%	67,22%	35,41%	51,49%
	Mahle	78,57%	41,61%	88,75%	69,10%	37,64%	48,35%
	Leoni	78,57%	45,62%	69,15%	59,72%	35,41%	46,47%
	Freudenberg & Co. KG	78,57%	40,62%	77,68%	57,85%	38,81%	46,23%
	Fraunhofer-Gesellschaft	78,57%	49,97%	68,75%	53,82%	32,05%	45,75%
	Obi Bau- und Heimwerkermärkte GmbH & Co. Franchise Center KG	78,57%	35,58%	79,69%	67,50%	35,21%	44,57%
	Schenker	78,57%	47,27%	72,32%	54,72%	28,91%	43,86%
	Edeka Gruppe	78,57%	34,37%	87,50%	62,50%	26,09%	40,15%
	Liebherr	78,57%	34,53%	73,44%	53,61%	30,78%	40,04%
	Unternehmensgruppe Knauf	78,57%	36,50%	68,08%	50,49%	30,19%	39,76%
	Enercon	78,57%	26,17%	72,28%	59,72%	28,56%	37,09%
	Sony Deutschland	78,57%	38,22%	75,89%	49,31%	11,93%	33,27%
	Epcos	78,57%	27,84%	69,87%	68,61%	12,36%	32,40%
118	ZF Friedrichshafen	75,00%	58,39%	83,93%	67,50%	43,41%	55,87%
	ALDI SÜD	75,00%	56,29%	93,44%	79,37%	35,96%	54,41%
	Peek & Cloppenburg Düsseldorf	75,00%	47,47%	84,38%	60,00%	48,59%	53,02%
	Oracle	75,00%	51,55%	80,80%	83,33%	35,94%	52,71%
	Procter & Gamble	75,00%	48,48%	84,38%	60,00%	46,07%	52,36%
	Unilever	75,00%	54,16%	75,89%	55,56%	42,53%	51,85%
	Hewlett-Packard	75,00%	44,36%	65,40%	48,61%	52,67%	50,91%
	Software AG	75,00%	48,58%	75,67%	65,49%	38,56%	49,78%
	McKinsey & Company	75,00%	53,29%	87,50%	62,50%	31,58%	48,78%
	John Deere	75,00%	46,04%	84,38%	68,61%	34,19%	48,05%
	Infineon Technologies	75,00%	52,99%	80,58%	54,17%	32,23%	47,34%
	HeidelbergCement	75,00%	48,02%	84,38%	59,72%	32,24%	46,63%
	KUKA Group	75,00%	40,61%	76,34%	67,22%	29,23%	43,55%
	Asklepios Kliniken	75,00%	39,45%	76,12%	56,94%	30,28%	42,02%
	Phoenix Pharmahandel	75,00%	38,48%	82,37%	59,93%	27,33%	41,26%
	Heidelberger Druckmaschinen	75,00%	45,68%	75,89%	50,83%	22,25%	40,05%

Rang	Unternehmen	Zugang	Informat.	Design	Navigat.	Interakt.	Gesamt
	Peek & Cloppenburg Hamburg	75,00%	36,43%	82,81%	52,50%	25,83%	38,85%
	Würth-Gruppe	75,00%	31,77%	78,57%	35,42%	19,41%	31,88%
136	Intel	71,43%	72,10%	73,66%	83,54%	42,55%	62,04%
	GIZ Deutsche Gesellschaft für Internationale Zusammenarbeit	71,43%	59,19%	74,24%	50,00%	57,41%	58,46%
	Linde	71,43%	60,56%	81,25%	70,00%	39,25%	55,03%
	Franz Haniel & Cie.	71,43%	54,37%	86,25%	73,61%	36,35%	52,49%
	MTU Aero Engines	71,43%	52,92%	77,68%	62,50%	36,39%	49,91%
	Alstom Deutschland	71,43%	47,13%	73,88%	52,50%	35,28%	45,75%
	Thomas Cook	71,43%	39,35%	76,34%	50,69%	36,22%	43,26%
	KfW Bankengruppe	71,43%	45,31%	85,09%	65,04%	19,45%	41,22%
	Dräxlmaier Group	71,43%	28,51%	65,85%	52,92%	30,40%	36,94%
	Karstadt	71,43%	27,95%	70,54%	38,89%	14,47%	28,50%
146	Benteler Deutschland	67,86%	40,73%	81,88%	86,43%	37,93%	49,88%
	Ford-Werke	67,86%	45,46%	72,99%	38,13%	15,29%	34,79%
	DPD Dynamic Parcel Distribution GmbH & Co. KG	67,86%	25,56%	74,78%	77,54%	12,01%	32,51%
149	Helios Kliniken	64,29%	43,46%	91,43%	60,83%	41,95%	48,90%
	Metro Group	64,29%	52,58%	95,31%	54,86%	29,35%	46,35%
	Deutsche Vermögensberatung	64,29%	35,63%	83,93%	70,00%	18,15%	37,64%
	CLAAS	64,29%	36,48%	84,38%	62,50%	11,15%	34,04%
	Lidl	64,29%	36,74%	81,03%	45,28%	17,71%	34,00%
	Deichmann	64,29%	16,76%	69,64%	53,96%	13,89%	26,21%
155	Adidas	60,71%	55,19%	76,52%	65,83%	36,75%	50,75%
	DM-Drogerie Markt GmbH & Co. KG	60,71%	34,51%	87,50%	87,50%	40,70%	48,89%
	Dussmann Stiftung & Co. KGaA	60,71%	22,29%	57,14%	65,83%	13,73%	29,06%
158	BSH (Bosch und Siemens Hausgeräte GmbH)	57,14%	42,53%	81,25%	62,50%	40,39%	47,34%
	Adam Opel	57,14%	42,49%	74,33%	64,60%	40,29%	47,25%
	Google	57,14%	51,15%	72,10%	48,61%	26,33%	42,19%
	STRABAG	57,14%	35,28%	64,29%	38,33%	33,11%	37,41%

Rang	Unternehmen	Zugang	Informat.	Design	Navigat.	Interakt.	Gesamt
162	Europäische Zentralbank	53,57%	49,66%	78,26%	59,10%	35,50%	47,04%
	Deutsche Bundesbank	53,57%	39,85%	76,47%	62,50%	33,52%	43,23%
	Rhön-Klinikum	53,57%	44,05%	79,46%	61,88%	19,62%	39,20%
	Globus Handelshof Gruppe	53,57%	33,93%	74,11%	61,11%	27,50%	38,42%
	Statistisches Bundesamt	53,57%	24,06%	59,15%	58,33%	10,62%	27,05%
167	Bundesnachrichtendienst	50,00%	20,46%	77,90%	62,50%	14,84%	28,87%
168	Deutsches Forschungszentrum für Künstliche Intelligenz	46,43%	25,43%	50,98%	42,01%	23,45%	29,45%
169	Netto Marken-Discount	39,29%	37,45%	73,44%	44,93%	22,33%	34,42%
170	Bundesamt für Sicherheit in der Informationstechnik	32,14%	17,95%	80,80%	67,22%	2,22%	22,90%

Ranking nach dem Cluster Information

Überblick Cluster Information

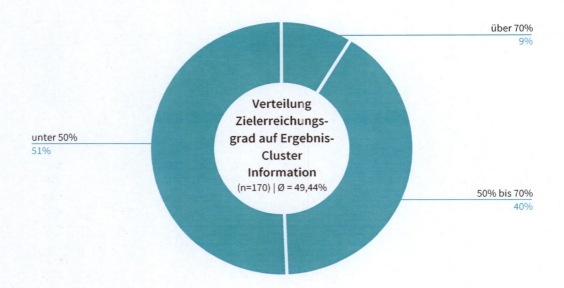

TOP 10 Aufsteiger nach Vergleich der Cluster-Ergebnisse Information 2010 und 2012

+33,6%	Sparkassen-Finanzgruppe
+32,5%	Daimler
+31,9%	Fresenius
+26,8%	Celesio
+24,8%	SolarWorld
+24,1%	Henkel
+22,9%	Max-Planck-Gesellschaft
+21,7%	Schaeffler Gruppe
+21,4%	Douglas (Holding)
+20,4%	Festo

Rang	Unternehmen	Zugang	Informat.	Design	Navigat.	Interakt.	Gesamt
1	Daimler	96,43%	86,49%	68,30%	88,61%	54,20%	73,48%
2	Henkel	85,71%	85,31%	87,50%	91,07%	69,85%	80,12%
3	Fresenius	82,14%	80,64%	89,15%	86,95%	54,65%	71,69%
4	ThyssenKrupp	89,29%	77,16%	83,93%	84,33%	57,33%	71,25%
5	Bayer	96,43%	77,05%	78,79%	95,83%	58,39%	73,46%
6	Otto Group	92,86%	75,14%	84,38%	75,71%	53,80%	68,04%
7	Boehringer Ingelheim	82,14%	73,96%	83,93%	89,29%	48,61%	67,03%
8	Siemens	96,43%	73,62%	86,52%	74,90%	60,35%	70,29%
9	SMA Solar Technology	92,86%	73,46%	83,93%	69,45%	43,25%	62,27%
10	Deutsche Post DHL	92,86%	72,11%	100,00%	89,64%	57,52%	71,34%
11	Intel	71,43%	72,10%	73,66%	83,54%	42,55%	62,04%
12	EADS	89,29%	71,92%	80,36%	83,93%	57,26%	69,15%
13	Deutsche Telekom	85,71%	71,55%	87,50%	88,25%	56,16%	69,40%
14	BMW Group	85,71%	71,44%	85,94%	89,29%	56,45%	69,56%
15	Bertelsmann	92,86%	71,35%	85,94%	77,58%	61,45%	70,13%
16	BASF	92,86%	67,09%	86,07%	89,48%	45,08%	63,88%
17	Ernst & Young	78,57%	66,82%	75,67%	64,67%	52,30%	61,72%
18	DATEV	82,14%	66,81%	89,87%	93,21%	41,54%	62,58%
19	Shell	85,71%	66,71%	88,53%	86,71%	44,07%	62,69%
20	MAN Gruppe	82,14%	64,67%	79,69%	55,06%	41,16%	55,45%
21	IBM Deutschland	89,29%	64,66%	100,00%	54,72%	48,87%	59,85%
22	SAP	92,86%	64,19%	72,32%	77,94%	57,90%	65,58%
23	Accenture	96,43%	63,98%	76,12%	85,48%	47,30%	62,76%
24	Deutsche Lufthansa	92,86%	61,89%	83,93%	66,55%	48,69%	59,96%
25	Ferchau Engineering	82,14%	61,88%	82,14%	78,13%	45,51%	59,79%
26	Festo	82,14%	61,65%	75,18%	80,75%	46,74%	60,25%
27	PricewaterhouseCoopers (PwC)	92,86%	61,50%	81,88%	84,29%	51,00%	63,30%
28	HypoVereinsbank	82,14%	61,34%	88,53%	91,87%	43,52%	61,19%
29	UBS	78,57%	61,16%	74,11%	63,94%	54,89%	60,59%
30	Hochtief	78,57%	60,57%	87,19%	46,32%	37,69%	51,51%
31	Linde	71,43%	60,56%	81,25%	70,00%	39,25%	55,03%
32	Evonik Industries	89,29%	60,49%	82,81%	66,11%	41,29%	56,21%
33	Münchner Rück (Munich Re)	82,14%	60,41%	91,88%	59,38%	36,91%	53,51%
34	Roche Diagnostics	85,71%	60,40%	84,96%	89,17%	51,57%	63,67%
35	Continental	82,14%	60,34%	84,15%	58,06%	44,17%	55,81%

Tabelle 3: Cluster-Ranking Information

Rang	Unternehmen	Zugang	Informat.	Design	Navigat.	Interakt.	Gesamt
36	Nestlé Deutschland	92,86%	60,28%	84,15%	96,43%	44,93%	62,38%
37	Schaeffler Gruppe	92,86%	60,12%	76,79%	71,19%	42,34%	57,14%
38	ABB	82,14%	59,96%	76,52%	78,87%	39,22%	56,44%
39	Vodafone	82,14%	59,45%	82,59%	62,50%	47,83%	57,55%
40	Fraport	85,71%	59,21%	76,12%	81,11%	43,30%	58,30%
41	GIZ Deutsche Gesellschaft für Internationale Zusammenarbeit	71,43%	59,19%	74,24%	50,00%	57,41%	58,46%
42	Audi	89,29%	59,12%	84,15%	83,93%	57,65%	65,01%
43	Randstad Deutschland	85,71%	59,06%	78,13%	74,64%	50,68%	60,33%
44	Postbank	89,29%	58,79%	95,00%	87,50%	40,27%	59,02%
45	Merck	92,86%	58,61%	90,00%	80,36%	45,98%	60,10%
46	ZF Friedrichshafen	75,00%	58,39%	83,93%	67,50%	43,41%	55,87%
47	RWE	85,71%	58,26%	82,37%	59,10%	46,78%	56,37%
48	ProSiebenSat.1 Media	85,71%	57,29%	87,50%	57,50%	27,97%	48,52%
49	KPMG	82,14%	56,87%	95,00%	70,00%	49,16%	58,92%
50	Robert Bosch	89,29%	56,41%	91,43%	61,11%	51,56%	58,57%
51	ALDI SÜD	75,00%	56,29%	93,44%	79,37%	35,96%	54,41%
52	Allianz Gruppe	82,14%	56,13%	87,50%	64,72%	48,12%	57,08%
53	Tchibo	78,57%	55,48%	70,54%	63,61%	47,36%	55,36%
54	Commerzbank	89,29%	55,23%	82,81%	68,61%	53,68%	59,70%
55	Adidas	60,71%	55,19%	76,52%	65,83%	36,75%	50,75%
56	SolarWorld	82,14%	54,92%	75,89%	64,44%	29,73%	48,68%
57	Volkswagen	92,86%	54,58%	83,93%	72,54%	51,65%	59,48%
58	Sparkassen-Finanzgruppe	85,71%	54,43%	74,55%	60,17%	41,88%	52,84%
59	Franz Haniel & Cie.	71,43%	54,37%	86,25%	73,61%	36,35%	52,49%
60	Beiersdorf	96,43%	54,32%	76,43%	79,76%	41,93%	56,39%
61	Unilever	75,00%	54,16%	75,89%	55,56%	42,53%	51,85%
62	Coca-Cola Erfrischungsgetränke	78,57%	54,12%	87,50%	67,22%	35,41%	51,49%
63	Tognum AG MTU Friedrichshafen	85,71%	54,09%	84,38%	61,25%	34,11%	50,27%
64	Vattenfall Europe	82,14%	53,68%	67,90%	49,31%	38,62%	49,13%
65	Bilfinger Berger	78,57%	53,45%	84,15%	68,61%	48,39%	56,49%

Rang	Unternehmen	Zugang	Informat.	Design	Navigat.	Interakt.	Gesamt
66	McKinsey & Company	75,00%	53,29%	87,50%	62,50%	31,58%	48,78%
67	EnBW (Energie Baden-Württemberg)	92,86%	53,10%	82,59%	69,64%	38,97%	53,39%
	Deutsche Bank	92,86%	53,10%	84,64%	83,93%	44,46%	57,83%
69	Salzgitter	85,71%	53,03%	84,38%	61,94%	33,23%	49,65%
70	L'Oréal Deutschland	82,14%	53,00%	77,46%	51,94%	49,02%	53,93%
71	Infineon Technologies	75,00%	52,99%	80,58%	54,17%	32,23%	47,34%
72	MTU Aero Engines	71,43%	52,92%	77,68%	62,50%	36,39%	49,91%
73	Deloitte	89,29%	52,77%	85,40%	70,00%	41,27%	54,21%
74	Dekra	85,71%	52,65%	81,03%	54,17%	27,69%	45,96%
75	Metro Group	64,29%	52,58%	95,31%	54,86%	29,35%	46,35%
76	Phoenix Contact	89,29%	52,47%	82,59%	57,99%	30,79%	47,97%
77	IKEA Deutschland	89,29%	52,46%	83,93%	56,94%	28,23%	46,85%
78	Oracle	75,00%	51,55%	80,80%	83,33%	35,94%	52,71%
79	B. Braun Melsungen	82,14%	51,41%	83,62%	64,44%	37,64%	51,00%
80	Porsche	85,71%	51,25%	84,38%	77,58%	40,61%	54,32%
81	Philips	82,14%	51,19%	82,59%	60,83%	47,06%	54,10%
82	Google	57,14%	51,15%	72,10%	48,61%	26,33%	42,19%
83	Deutsches Zentrum für Luft- und Raumfahrt	85,71%	50,13%	71,65%	71,24%	35,75%	50,40%
84	E.ON	78,57%	50,04%	87,50%	68,33%	45,38%	54,22%
85	Fraunhofer-Gesellschaft	78,57%	49,97%	68,75%	53,82%	32,05%	45,75%
86	Rewe Group	89,29%	49,93%	84,38%	70,00%	31,95%	49,44%
87	Roland Berger Strategy Consultants	89,29%	49,87%	88,30%	69,72%	37,60%	51,83%
88	Max-Planck-Gesellschaft	85,71%	49,75%	87,19%	74,44%	6,29%	39,74%
89	Europäische Zentralbank	53,57%	49,66%	78,26%	59,10%	35,50%	47,04%
90	Deutsche Bahn	78,57%	49,56%	87,50%	77,14%	45,93%	55,59%
91	Deutsche Börse	82,14%	49,42%	65,40%	56,11%	42,45%	50,07%
92	Celesio	89,29%	48,81%	82,81%	59,72%	31,81%	47,37%
93	Arvato	82,14%	48,68%	78,13%	68,61%	42,45%	52,32%
94	Software AG	75,00%	48,58%	75,67%	65,49%	38,56%	49,78%
95	Procter & Gamble	75,00%	48,48%	84,38%	60,00%	46,07%	52,36%

Rang	Unternehmen	Zugang	Informat.	Design	Navigat.	Interakt.	Gesamt
96	HeidelbergCement	75,00%	48,02%	84,38%	59,72%	32,24%	46,63%
97	TÜV Rheinland Group	78,57%	47,94%	79,46%	55,21%	49,34%	52,70%
98	Douglas (Holding)	85,71%	47,77%	88,75%	60,00%	37,00%	49,24%
99	TUI	85,71%	47,56%	78,17%	52,85%	40,26%	48,87%
100	Peek & Cloppenburg Düsseldorf	75,00%	47,47%	84,38%	60,00%	48,59%	53,02%
101	Schenker	78,57%	47,27%	72,32%	54,72%	28,91%	43,86%
102	Alstom Deutschland	71,43%	47,13%	73,88%	52,50%	35,28%	45,75%
103	John Deere	75,00%	46,04%	84,38%	68,61%	34,19%	48,05%
104	Carl Zeiss	92,86%	46,00%	84,38%	70,00%	39,10%	51,10%
105	Heidelberger Druckmaschinen	75,00%	45,68%	75,89%	50,83%	22,25%	40,05%
106	Leoni	78,57%	45,62%	69,15%	59,72%	35,41%	46,47%
107	DZ Bank	82,14%	45,61%	82,14%	68,61%	44,58%	52,30%
108	Microsoft Deutschland	85,71%	45,59%	85,71%	66,75%	40,90%	50,90%
109	Ford-Werke	67,86%	45,46%	72,99%	38,13%	15,29%	34,79%
110	KfW Bankengruppe	71,43%	45,31%	85,09%	65,04%	19,45%	41,22%
111	Auswärtiges Amt	85,71%	45,06%	81,03%	85,48%	34,10%	50,57%
112	Dräger	89,29%	44,97%	84,15%	62,50%	30,72%	46,07%
113	Hewlett-Packard	75,00%	44,36%	65,40%	48,61%	52,67%	50,91%
114	CISCO	89,29%	44,14%	82,59%	69,88%	35,47%	48,72%
115	Rhön-Klinikum	53,57%	44,05%	79,46%	61,88%	19,62%	39,20%
116	Voith	82,14%	43,99%	81,25%	55,00%	40,25%	47,92%
117	Helios Kliniken	64,29%	43,46%	91,43%	60,83%	41,95%	48,90%
118	Capgemini Deutschland Holding GmbH	89,29%	42,72%	81,03%	59,21%	34,31%	46,07%
119	BSH (Bosch & Siemens Hausgeräte GmbH)	57,14%	42,53%	81,25%	62,50%	40,39%	47,34%
120	Adam Opel	57,14%	42,49%	74,33%	64,60%	40,29%	47,25%
121	Nike	82,14%	42,12%	74,69%	65,00%	21,41%	40,90%
122	Mahle	78,57%	41,61%	88,75%	69,10%	37,64%	48,35%
123	HUGO BOSS	92,86%	40,90%	81,25%	55,00%	34,61%	45,11%
124	Benteler Deutschland	67,86%	40,73%	81,88%	86,43%	37,93%	49,88%
125	Freudenberg & Co. KG	78,57%	40,62%	77,68%	57,85%	38,81%	46,23%

Rang	Unternehmen	Zugang	Informat.	Design	Navigat.	Interakt.	Gesamt
126	KUKA Group	75,00%	40,61%	76,34%	67,22%	29,23%	43,55%
127	Praktiker Bau- und Heimwerkermärkte	92,86%	40,33%	81,25%	62,50%	27,32%	43,12%
128	Deutsche Bundesbank	53,57%	39,85%	76,47%	62,50%	33,52%	43,23%
129	Asklepios Kliniken	75,00%	39,45%	76,12%	56,94%	30,28%	42,02%
130	Thomas Cook	71,43%	39,35%	76,34%	50,69%	36,22%	43,26%
131	Bombardier Transportation	85,71%	39,29%	77,90%	50,00%	34,60%	43,27%
132	C&A Mode & Co.	82,14%	38,96%	85,94%	96,43%	37,45%	51,48%
133	Phoenix Pharmahandel	75,00%	38,48%	82,37%	59,93%	27,33%	41,26%
134	Sony Deutschland	78,57%	38,22%	75,89%	49,31%	11,93%	33,27%
135	Netto Marken-Discount	39,29%	37,45%	73,44%	44,93%	22,33%	34,42%
136	Osram	82,14%	37,19%	81,25%	65,00%	39,45%	46,72%
137	Lidl	64,29%	36,74%	81,03%	45,28%	17,71%	34,00%
138	Unternehmensgruppe Knauf	78,57%	36,50%	68,08%	50,49%	30,19%	39,76%
139	CLAAS	64,29%	36,48%	84,38%	62,50%	11,15%	34,04%
140	Peek & Cloppenburg Hamburg	75,00%	36,43%	82,81%	52,50%	25,83%	38,85%
141	McDonald's Deutschland Inc.	89,29%	36,39%	80,71%	63,33%	28,01%	41,94%
142	Red Bull	85,71%	36,38%	78,13%	87,50%	44,79%	51,97%
143	Amazon	92,86%	36,32%	71,43%	40,00%	22,29%	35,84%
144	DELL	89,29%	35,70%	86,74%	60,63%	45,65%	48,65%
145	Deutsche Vermögensberatung	64,29%	35,63%	83,93%	70,00%	18,15%	37,64%
146	Obi Bau- und Heimwerkermärkte GmbH & Co. Franchise Center KG	78,57%	35,58%	79,69%	67,50%	35,21%	44,57%
147	STRABAG	57,14%	35,28%	64,29%	38,33%	33,11%	37,41%
148	Liebherr	78,57%	34,53%	73,44%	53,61%	30,78%	40,04%
149	DM-Drogerie Markt GmbH & Co. KG	60,71%	34,51%	87,50%	87,50%	40,70%	48,89%
150	Edeka Gruppe	78,57%	34,37%	87,50%	62,50%	26,09%	40,15%
151	Globus Handelshof Gruppe	53,57%	33,93%	74,11%	61,11%	27,50%	38,42%
152	Würth-Gruppe	75,00%	31,77%	78,57%	35,42%	19,41%	31,88%
153	Dr. August Oetker	89,29%	29,65%	96,88%	62,50%	49,12%	48,71%
154	Dräxlmaier Group	71,43%	28,51%	65,85%	52,92%	30,40%	36,94%
155	Karstadt	71,43%	27,95%	70,54%	38,89%	14,47%	28,50%

Rang	Unternehmen	Zugang	Informat.	Design	Navigat.	Interakt.	Gesamt
156	Epcos	78,57%	27,84%	69,87%	68,61%	12,36%	32,40%
157	Apple	82,14%	27,26%	83,75%	55,56%	28,50%	37,57%
158	Tengelmann Gruppe	85,71%	26,58%	64,51%	48,61%	18,55%	31,53%
159	Dirk Rossmann	85,71%	26,31%	91,88%	62,50%	40,16%	43,53%
160	Enercon	78,57%	26,17%	72,28%	59,72%	28,56%	37,09%
161	DPD Dynamic Parcel Distribution GmbH & Co. KG	67,86%	25,56%	74,78%	77,54%	12,01%	32,51%
162	Deutsches Forschungszentrum für Künstliche Intelligenz	46,43%	25,43%	50,98%	42,01%	23,45%	29,45%
163	BCG (The Boston Consulting Group)	82,14%	25,04%	87,50%	58,33%	37,81%	41,12%
164	Statistisches Bundesamt	53,57%	24,06%	59,15%	58,33%	10,62%	27,05%
165	Dussmann Stiftung & Co. KGaA	60,71%	22,29%	57,14%	65,83%	13,73%	29,06%
166	ZDF	82,14%	22,02%	77,90%	55,83%	11,82%	28,81%
167	Blizzard Entertainment	82,14%	20,87%	67,63%	51,39%	29,87%	34,45%
168	Bundesnachrichtendienst	50,00%	20,46%	77,90%	62,50%	14,84%	28,87%
169	Bundesamt für Sicherheit in der Informationstechnik	32,14%	17,95%	80,80%	67,22%	2,22%	22,90%
170	Deichmann	64,29%	16,76%	69,64%	53,96%	13,89%	26,21%

Ranking nach dem Cluster Design

Überblick Cluster Design

TOP 10 Aufsteiger nach Vergleich der Cluster-Ergebnisse Design 2010 und 2012

+23,9%	DM-Drogerie Markt
+21,4%	Celesio
+19,2%	Edeka Gruppe
+19,1%	Douglas (Holding)
+18,5%	Infineon Technologies
+18,3%	Bundesamt für Sicherheit in der Informationstechnik
+17,2%	Dr. August Oetker
+17%	DELL
+16,9%	Max-Planck-Gesellschaft
+13%	Roland Berger Strategy Consultants

Rang	Unternehmen	Zugang	Informat.	Design	Navigat.	Interakt.	Gesamt
1	Deutsche Post DHL	92,86%	72,11%	100,00%	89,64%	57,52%	71,34%
	IBM Deutschland	89,29%	64,66%	100,00%	54,72%	48,87%	59,85%
3	Dr. August Oetker	89,29%	29,65%	96,88%	62,50%	49,12%	48,71%
4	Metro Group	64,29%	52,58%	95,31%	54,86%	29,35%	46,35%
5	Postbank	89,29%	58,79%	95,00%	87,50%	40,27%	59,02%
	KPMG	82,14%	56,87%	95,00%	70,00%	49,16%	58,92%
7	ALDI SÜD	75,00%	56,29%	93,44%	79,37%	35,96%	54,41%
8	Münchner Rück (Munich Re)	82,14%	60,41%	91,88%	59,38%	36,91%	53,51%
	Dirk Rossmann	85,71%	26,31%	91,88%	62,50%	40,16%	43,53%
10	Robert Bosch	89,29%	56,41%	91,43%	61,11%	51,56%	58,57%
	Helios Kliniken	64,29%	43,46%	91,43%	60,83%	41,95%	48,90%
12	Merck	92,86%	58,61%	90,00%	80,36%	45,98%	60,10%
13	DATEV	82,14%	66,81%	89,87%	93,21%	41,54%	62,58%
14	Fresenius	82,14%	80,64%	89,15%	86,95%	54,65%	71,69%
15	Douglas (Holding)	85,71%	47,77%	88,75%	60,00%	37,00%	49,24%
	Mahle	78,57%	41,61%	88,75%	69,10%	37,64%	48,35%
17	Shell	85,71%	66,71%	88,53%	86,71%	44,07%	62,69%
	HypoVereinsbank	82,14%	61,34%	88,53%	91,87%	43,52%	61,19%
19	Roland Berger Strategy Consultants	89,29%	49,87%	88,30%	69,72%	37,60%	51,83%
20	Henkel	85,71%	85,31%	87,50%	91,07%	69,85%	80,12%
	Deutsche Telekom	85,71%	71,55%	87,50%	88,25%	56,16%	69,40%
	ProSiebenSat.1 Media	85,71%	57,29%	87,50%	57,50%	27,97%	48,52%
	Allianz Gruppe	82,14%	56,13%	87,50%	64,72%	48,12%	57,08%
	Coca-Cola Erfrischungsgetränke	78,57%	54,12%	87,50%	67,22%	35,41%	51,49%
	McKinsey & Company	75,00%	53,29%	87,50%	62,50%	31,58%	48,78%
	E.ON	78,57%	50,04%	87,50%	68,33%	45,38%	54,22%
	Deutsche Bahn	78,57%	49,56%	87,50%	77,14%	45,93%	55,59%
	DM-Drogerie Markt GmbH & Co. KG	60,71%	34,51%	87,50%	87,50%	40,70%	48,89%
	Edeka Gruppe	78,57%	34,37%	87,50%	62,50%	26,09%	40,15%
	BCG (The Boston Consulting Group)	82,14%	25,04%	87,50%	58,33%	37,81%	41,12%

Tabelle 4: Cluster-Ranking Design

Rang	Unternehmen	Zugang	Informat.	Design	Navigat.	Interakt.	Gesamt
31	Hochtief	78,57%	60,57%	87,19%	46,32%	37,69%	51,51%
	Max-Planck-Gesellschaft	85,71%	49,75%	87,19%	74,44%	6,29%	39,74%
33	DELL	89,29%	35,70%	86,74%	60,63%	45,65%	48,65%
34	Siemens	96,43%	73,62%	86,52%	74,90%	60,35%	70,29%
35	Franz Haniel & Cie.	71,43%	54,37%	86,25%	73,61%	36,35%	52,49%
36	BASF	92,86%	67,09%	86,07%	89,48%	45,08%	63,88%
37	BMW Group	85,71%	71,44%	85,94%	89,29%	56,45%	69,56%
	Bertelsmann	92,86%	71,35%	85,94%	77,58%	61,45%	70,13%
	C&A Mode & Co.	82,14%	38,96%	85,94%	96,43%	37,45%	51,48%
40	Microsoft Deutschland	85,71%	45,59%	85,71%	66,75%	40,90%	50,90%
41	Deloitte	89,29%	52,77%	85,40%	70,00%	41,27%	54,21%
42	KfW Bankengruppe	71,43%	45,31%	85,09%	65,04%	19,45%	41,22%
43	Roche Diagnostics	85,71%	60,40%	84,96%	89,17%	51,57%	63,67%
44	Deutsche Bank	92,86%	53,10%	84,64%	83,93%	44,46%	57,83%
45	Otto Group	92,86%	75,14%	84,38%	75,71%	53,80%	68,04%
	Tognum AG MTU Friedrichshafen	85,71%	54,09%	84,38%	61,25%	34,11%	50,27%
	Salzgitter	85,71%	53,03%	84,38%	61,94%	33,23%	49,65%
	Porsche	85,71%	51,25%	84,38%	77,58%	40,61%	54,32%
	Rewe Group	89,29%	49,93%	84,38%	70,00%	31,95%	49,44%
	Procter & Gamble	75,00%	48,48%	84,38%	60,00%	46,07%	52,36%
	HeidelbergCement	75,00%	48,02%	84,38%	59,72%	32,24%	46,63%
	Peek & Cloppenburg Düsseldorf	75,00%	47,47%	84,38%	60,00%	48,59%	53,02%
	John Deere	75,00%	46,04%	84,38%	68,61%	34,19%	48,05%
	Carl Zeiss	92,86%	46,00%	84,38%	70,00%	39,10%	51,10%
	CLAAS	64,29%	36,48%	84,38%	62,50%	11,15%	34,04%
56	Continental	82,14%	60,34%	84,15%	58,06%	44,17%	55,81%
	Nestlé Deutschland	92,86%	60,28%	84,15%	96,43%	44,93%	62,38%
	Audi	89,29%	59,12%	84,15%	83,93%	57,65%	65,01%
	Bilfinger Berger	78,57%	53,45%	84,15%	68,61%	48,39%	56,49%
	Dräger	89,29%	44,97%	84,15%	62,50%	30,72%	46,07%

Rang	Unternehmen	Zugang	Informat.	Design	Navigat.	Interakt.	Gesamt
61	ThyssenKrupp	89,29%	77,16%	83,93%	84,33%	57,33%	71,25%
	Boehringer Ingelheim	82,14%	73,96%	83,93%	89,29%	48,61%	67,03%
	SMA Solar Technology	92,86%	73,46%	83,93%	69,45%	43,25%	62,27%
	Deutsche Lufthansa	92,86%	61,89%	83,93%	66,55%	48,69%	59,96%
	ZF Friedrichshafen	75,00%	58,39%	83,93%	67,50%	43,41%	55,87%
	Volkswagen	92,86%	54,58%	83,93%	72,54%	51,65%	59,48%
	IKEA Deutschland	89,29%	52,46%	83,93%	56,94%	28,23%	46,85%
	Deutsche Vermögensberatung	64,29%	35,63%	83,93%	70,00%	18,15%	37,64%
69	Apple	82,14%	27,26%	83,75%	55,56%	28,50%	37,57%
70	B. Braun Melsungen	82,14%	51,41%	83,62%	64,44%	37,64%	51,00%
71	Evonik Industries	89,29%	60,49%	82,81%	66,11%	41,29%	56,21%
	Commerzbank	89,29%	55,23%	82,81%	68,61%	53,68%	59,70%
	Celesio	89,29%	48,81%	82,81%	59,72%	31,81%	47,37%
	Peek & Cloppenburg Hamburg	75,00%	36,43%	82,81%	52,50%	25,83%	38,85%
75	Vodafone	82,14%	59,45%	82,59%	62,50%	47,83%	57,55%
	EnBW (Energie Baden-Württemberg)	92,86%	53,10%	82,59%	69,64%	38,97%	53,39%
	Phoenix Contact	89,29%	52,47%	82,59%	57,99%	30,79%	47,97%
	Philips	82,14%	51,19%	82,59%	60,83%	47,06%	54,10%
	CISCO	89,29%	44,14%	82,59%	69,88%	35,47%	48,72%
80	RWE	85,71%	58,26%	82,37%	59,10%	46,78%	56,37%
	Phoenix Pharmahandel	75,00%	38,48%	82,37%	59,93%	27,33%	41,26%
82	Ferchau Engineering	82,14%	61,88%	82,14%	78,13%	45,51%	59,79%
	DZ Bank	82,14%	45,61%	82,14%	68,61%	44,58%	52,30%
84	PricewaterhouseCoopers (PwC)	92,86%	61,50%	81,88%	84,29%	51,00%	63,30%
	Benteler Deutschland	67,86%	40,73%	81,88%	86,43%	37,93%	49,88%
86	Linde	71,43%	60,56%	81,25%	70,00%	39,25%	55,03%
	Voith	82,14%	43,99%	81,25%	55,00%	40,25%	47,92%
	BSH (Bosch & Siemens Hausgeräte GmbH)	57,14%	42,53%	81,25%	62,50%	40,39%	47,34%
	HUGO BOSS	92,86%	40,90%	81,25%	55,00%	34,61%	45,11%
	Praktiker Bau- und Heimwerkermärkte	92,86%	40,33%	81,25%	62,50%	27,32%	43,12%
	Osram	82,14%	37,19%	81,25%	65,00%	39,45%	46,72%

121
Ranking nach dem Cluster Design

Rang	Unternehmen	Zugang	Informat.	Design	Navigat.	Interakt.	Gesamt
92	Dekra	85,71%	52,65%	81,03%	54,17%	27,69%	45,96%
	Auswärtiges Amt	85,71%	45,06%	81,03%	85,48%	34,10%	50,57%
	Capgemini Deutschland Holding GmbH	89,29%	42,72%	81,03%	59,21%	34,31%	46,07%
	Lidl	64,29%	36,74%	81,03%	45,28%	17,71%	34,00%
96	Oracle	75,00%	51,55%	80,80%	83,33%	35,94%	52,71%
	Bundesamt für Sicherheit in der Informationstechnik	32,14%	17,95%	80,80%	67,22%	2,22%	22,90%
98	McDonald's Deutschland Inc.	89,29%	36,39%	80,71%	63,33%	28,01%	41,94%
99	Infineon Technologies	75,00%	52,99%	80,58%	54,17%	32,23%	47,34%
100	EADS	89,29%	71,92%	80,36%	83,93%	57,26%	69,15%
101	MAN Gruppe	82,14%	64,67%	79,69%	55,06%	41,16%	55,45%
	Obi Bau- und Heimwerkermärkte GmbH & Co. Franchise Center KG	78,57%	35,58%	79,69%	67,50%	35,21%	44,57%
103	TÜV Rheinland Group	78,57%	47,94%	79,46%	55,21%	49,34%	52,70%
	Rhön-Klinikum	53,57%	44,05%	79,46%	61,88%	19,62%	39,20%
105	Bayer	96,43%	77,05%	78,79%	95,83%	58,39%	73,46%
106	Würth-Gruppe	75,00%	31,77%	78,57%	35,42%	19,41%	31,88%
107	Europäische Zentralbank	53,57%	49,66%	78,26%	59,10%	35,50%	47,04%
108	TUI	85,71%	47,56%	78,17%	52,85%	40,26%	48,87%
109	Randstad Deutschland	85,71%	59,06%	78,13%	74,64%	50,68%	60,33%
	Arvato	82,14%	48,68%	78,13%	68,61%	42,45%	52,32%
	Red Bull	85,71%	36,38%	78,13%	87,50%	44,79%	51,97%
112	Bombardier Transportation	85,71%	39,29%	77,90%	50,00%	34,60%	43,27%
	ZDF	82,14%	22,02%	77,90%	55,83%	11,82%	28,81%
	Bundesnachrichtendienst	50,00%	20,46%	77,90%	62,50%	14,84%	28,87%
115	MTU Aero Engines	71,43%	52,92%	77,68%	62,50%	36,39%	49,91%
	Freudenberg & Co. KG	78,57%	40,62%	77,68%	57,85%	38,81%	46,23%
117	L'Oréal Deutschland	82,14%	53,00%	77,46%	51,94%	49,02%	53,93%
118	Schaeffler Gruppe	92,86%	60,12%	76,79%	71,19%	42,34%	57,14%
119	ABB	82,14%	59,96%	76,52%	78,87%	39,22%	56,44%
120	Adidas	60,71%	55,19%	76,52%	65,83%	36,75%	50,75%
121	Deutsche Bundesbank	53,57%	39,85%	76,47%	62,50%	33,52%	43,23%

Rang	Unternehmen	Zugang	Informat.	Design	Navigat.	Interakt.	Gesamt
122	Beiersdorf	96,43%	54,32%	76,43%	79,76%	41,93%	56,39%
123	KUKA Group	75,00%	40,61%	76,34%	67,22%	29,23%	43,55%
	Thomas Cook	71,43%	39,35%	76,34%	50,69%	36,22%	43,26%
125	Accenture	96,43%	63,98%	76,12%	85,48%	47,30%	62,76%
	Fraport	85,71%	59,21%	76,12%	81,11%	43,30%	58,30%
	Asklepios Kliniken	75,00%	39,45%	76,12%	56,94%	30,28%	42,02%
128	SolarWorld	82,14%	54,92%	75,89%	64,44%	29,73%	48,68%
	Unilever	75,00%	54,16%	75,89%	55,56%	42,53%	51,85%
	Heidelberger Druckmaschinen	75,00%	45,68%	75,89%	50,83%	22,25%	40,05%
	Sony Deutschland	78,57%	38,22%	75,89%	49,31%	11,93%	33,27%
132	Ernst & Young	78,57%	66,82%	75,67%	64,67%	52,30%	61,72%
	Software AG	75,00%	48,58%	75,67%	65,49%	38,56%	49,78%
134	Festo	82,14%	61,65%	75,18%	80,75%	46,74%	60,25%
135	DPD Dynamic Parcel Distribution GmbH & Co. KG	67,86%	25,56%	74,78%	77,54%	12,01%	32,51%
136	Nike	82,14%	42,12%	74,69%	65,00%	21,41%	40,90%
137	Sparkassen-Finanzgruppe	85,71%	54,43%	74,55%	60,17%	41,88%	52,84%
138	Adam Opel	57,14%	42,49%	74,33%	64,60%	40,29%	47,25%
139	GIZ Deutsche Gesellschaft für Internationale Zusammenarbeit	71,43%	59,19%	74,24%	50,00%	57,41%	58,46%
140	UBS	78,57%	61,16%	74,11%	63,94%	54,89%	60,59%
	Globus Handelshof Gruppe	53,57%	33,93%	74,11%	61,11%	27,50%	38,42%
142	Alstom Deutschland	71,43%	47,13%	73,88%	52,50%	35,28%	45,75%
143	Intel	71,43%	72,10%	73,66%	83,54%	42,55%	62,04%
144	Netto Marken-Discount	39,29%	37,45%	73,44%	44,93%	22,33%	34,42%
	Liebherr	78,57%	34,53%	73,44%	53,61%	30,78%	40,04%
146	Ford-Werke	67,86%	45,46%	72,99%	38,13%	15,29%	34,79%
147	SAP	92,86%	64,19%	72,32%	77,94%	57,90%	65,58%
	Schenker	78,57%	47,27%	72,32%	54,72%	28,91%	43,86%
149	Enercon	78,57%	26,17%	72,28%	59,72%	28,56%	37,09%
150	Google	57,14%	51,15%	72,10%	48,61%	26,33%	42,19%
151	Deutsches Zentrum für Luft- und Raumfahrt	85,71%	50,13%	71,65%	71,24%	35,75%	50,40%

Rang	Unternehmen	Zugang	Informat.	Design	Navigat.	Interakt.	Gesamt
152	Amazon	92,86%	36,32%	71,43%	40,00%	22,29%	35,84%
153	Tchibo	78,57%	55,48%	70,54%	63,61%	47,36%	55,36%
	Karstadt	71,43%	27,95%	70,54%	38,89%	14,47%	28,50%
155	Epcos	78,57%	27,84%	69,87%	68,61%	12,36%	32,40%
156	Deichmann	64,29%	16,76%	69,64%	53,96%	13,89%	26,21%
157	Leoni	78,57%	45,62%	69,15%	59,72%	35,41%	46,47%
158	Fraunhofer-Gesellschaft	78,57%	49,97%	68,75%	53,82%	32,05%	45,75%
159	Daimler	96,43%	86,49%	68,30%	88,61%	54,20%	73,48%
160	Unternehmensgruppe Knauf	78,57%	36,50%	68,08%	50,49%	30,19%	39,76%
161	Vattenfall Europe	82,14%	53,68%	67,90%	49,31%	38,62%	49,13%
162	Blizzard Entertainment	82,14%	20,87%	67,63%	51,39%	29,87%	34,45%
163	Dräxlmaier Group	71,43%	28,51%	65,85%	52,92%	30,40%	36,94%
164	Hewlett-Packard	75,00%	44,36%	65,40%	48,61%	52,67%	50,91%
165	Deutsche Börse	82,14%	49,42%	65,40%	56,11%	42,45%	50,07%
166	Tengelmann Gruppe	85,71%	26,58%	64,51%	48,61%	18,55%	31,53%
167	STRABAG	57,14%	35,28%	64,29%	38,33%	33,11%	37,41%
168	Statistisches Bundesamt	53,57%	24,06%	59,15%	58,33%	10,62%	27,05%
169	Dussmann Stiftung & Co. KGaA	60,71%	22,29%	57,14%	65,83%	13,73%	29,06%
170	Deutsches Forschungszentrum für Künstliche Intelligenz	46,43%	25,43%	50,98%	42,01%	23,45%	29,45%

Ranking nach dem Cluster Navigation & Usability

Überblick Cluster Navigation & Usability

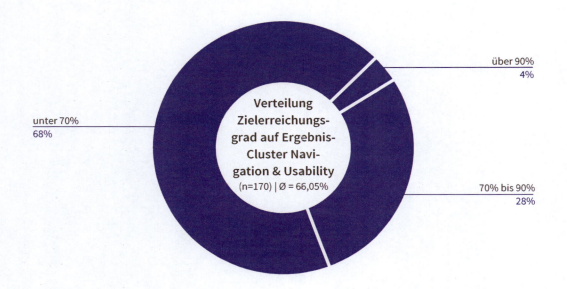

Verteilung Zielerreichungsgrad auf Ergebnis-Cluster Navigation & Usability
(n=170) | Ø = 66,05%

- über 90%: 4%
- 70% bis 90%: 28%
- unter 70%: 68%

TOP 10 Aufsteiger nach Vergleich der Cluster-Ergebnisse Navigation & Usability 2010 und 2012

+49,4%	Nestlé Deutschland
+32,2%	Douglas (Holding)
+25,7%	C&A
+19,4%	Postbank
+14,5%	Festo
+13,4%	Auswärtiges Amt
+12,4%	DATEV
+11,9%	Accenture
+11,9%	HypoVereinsbank
+11,6%	DM-Drogerie Markt

Rang	Unternehmen	Zugang	Informat.	Design	Navigat.	Interakt.	Gesamt
1	C&A Mode & Co.	82,14%	38,96%	85,94%	96,43%	37,45%	51,48%
	Nestlé Deutschland	92,86%	60,28%	84,15%	96,43%	44,93%	62,38%
3	Bayer	96,43%	77,05%	78,79%	95,83%	58,39%	73,46%
4	DATEV	82,14%	66,81%	89,87%	93,21%	41,54%	62,58%
5	HypoVereinsbank	82,14%	61,34%	88,53%	91,87%	43,52%	61,19%
6	Henkel	85,71%	85,31%	87,50%	91,07%	69,85%	80,12%
7	Deutsche Post DHL	92,86%	72,11%	100,00%	89,64%	57,52%	71,34%
8	BASF	92,86%	67,09%	86,07%	89,48%	45,08%	63,88%
9	BMW Group	85,71%	71,44%	85,94%	89,29%	56,45%	69,56%
	Boehringer Ingelheim	82,14%	73,96%	83,93%	89,29%	48,61%	67,03%
11	Roche Diagnostics	85,71%	60,40%	84,96%	89,17%	51,57%	63,67%
12	Daimler	96,43%	86,49%	68,30%	88,61%	54,20%	73,48%
13	Deutsche Telekom	85,71%	71,55%	87,50%	88,25%	56,16%	69,40%
14	Postbank	89,29%	58,79%	95,00%	87,50%	40,27%	59,02%
	DM-Drogerie Markt GmbH & Co. KG	60,71%	34,51%	87,50%	87,50%	40,70%	48,89%
	Red Bull	85,71%	36,38%	78,13%	87,50%	44,79%	51,97%
17	Fresenius	82,14%	80,64%	89,15%	86,95%	54,65%	71,69%
18	Shell	85,71%	66,71%	88,53%	86,71%	44,07%	62,69%
19	Benteler Deutschland	67,86%	40,73%	81,88%	86,43%	37,93%	49,88%
20	Auswärtiges Amt	85,71%	45,06%	81,03%	85,48%	34,10%	50,57%
	Accenture	96,43%	63,98%	76,12%	85,48%	47,30%	62,76%
22	ThyssenKrupp	89,29%	77,16%	83,93%	84,33%	57,33%	71,25%
23	PricewaterhouseCoopers (PwC)	92,86%	61,50%	81,88%	84,29%	51,00%	63,30%
24	Deutsche Bank	92,86%	53,10%	84,64%	83,93%	44,46%	57,83%
	Audi	89,29%	59,12%	84,15%	83,93%	57,65%	65,01%
	EADS	89,29%	71,92%	80,36%	83,93%	57,26%	69,15%
27	Intel	71,43%	72,10%	73,66%	83,54%	42,55%	62,04%
28	Oracle	75,00%	51,55%	80,80%	83,33%	35,94%	52,71%
29	Fraport	85,71%	59,21%	76,12%	81,11%	43,30%	58,30%
30	Festo	82,14%	61,65%	75,18%	80,75%	46,74%	60,25%
31	Merck	92,86%	58,61%	90,00%	80,36%	45,98%	60,10%
32	Beiersdorf	96,43%	54,32%	76,43%	79,76%	41,93%	56,39%
33	ALDI SÜD	75,00%	56,29%	93,44%	79,37%	35,96%	54,41%
34	ABB	82,14%	59,96%	76,52%	78,87%	39,22%	56,44%
35	Ferchau Engineering	82,14%	61,88%	82,14%	78,13%	45,51%	59,79%

Tabelle 5: Cluster-Ranking Navigation & Usability

Rang	Unternehmen	Zugang	Informat.	Design	Navigat.	Interakt.	Gesamt
36	SAP	92,86%	64,19%	72,32%	77,94%	57,90%	65,58%
37	Bertelsmann	92,86%	71,35%	85,94%	77,58%	61,45%	70,13%
	Porsche	85,71%	51,25%	84,38%	77,58%	40,61%	54,32%
39	DPD Dynamic Parcel Distribution GmbH & Co. KG	67,86%	25,56%	74,78%	77,54%	12,01%	32,51%
40	Deutsche Bahn	78,57%	49,56%	87,50%	77,14%	45,93%	55,59%
41	Otto Group	92,86%	75,14%	84,38%	75,71%	53,80%	68,04%
42	Siemens	96,43%	73,62%	86,52%	74,90%	60,35%	70,29%
43	Randstad Deutschland	85,71%	59,06%	78,13%	74,64%	50,68%	60,33%
44	Max-Planck-Gesellschaft	85,71%	49,75%	87,19%	74,44%	6,29%	39,74%
45	Franz Haniel & Cie.	71,43%	54,37%	86,25%	73,61%	36,35%	52,49%
46	Volkswagen	92,86%	54,58%	83,93%	72,54%	51,65%	59,48%
47	Deutsches Zentrum für Luft- und Raumfahrt	85,71%	50,13%	71,65%	71,24%	35,75%	50,40%
48	Schaeffler Gruppe	92,86%	60,12%	76,79%	71,19%	42,34%	57,14%
49	KPMG	82,14%	56,87%	95,00%	70,00%	49,16%	58,92%
	Deloitte	89,29%	52,77%	85,40%	70,00%	41,27%	54,21%
	Rewe Group	89,29%	49,93%	84,38%	70,00%	31,95%	49,44%
	Carl Zeiss	92,86%	46,00%	84,38%	70,00%	39,10%	51,10%
	Deutsche Vermögensberatung	64,29%	35,63%	83,93%	70,00%	18,15%	37,64%
	Linde	71,43%	60,56%	81,25%	70,00%	39,25%	55,03%
55	CISCO	89,29%	44,14%	82,59%	69,88%	35,47%	48,72%
56	Roland Berger Strategy Consultants	89,29%	49,87%	88,30%	69,72%	37,60%	51,83%
57	EnBW (Energie Baden-Württemberg)	92,86%	53,10%	82,59%	69,64%	38,97%	53,39%
58	SMA Solar Technology	92,86%	73,46%	83,93%	69,45%	43,25%	62,27%
59	Mahle	78,57%	41,61%	88,75%	69,10%	37,64%	48,35%
60	John Deere	75,00%	46,04%	84,38%	68,61%	34,19%	48,05%
	Bilfinger Berger	78,57%	53,45%	84,15%	68,61%	48,39%	56,49%
	Commerzbank	89,29%	55,23%	82,81%	68,61%	53,68%	59,70%
	DZ Bank	82,14%	45,61%	82,14%	68,61%	44,58%	52,30%
	Arvato	82,14%	48,68%	78,13%	68,61%	42,45%	52,32%
	Epcos	78,57%	27,84%	69,87%	68,61%	12,36%	32,40%

Rang	Unternehmen	Zugang	Informat.	Design	Navigat.	Interakt.	Gesamt
66	E.ON	78,57%	50,04%	87,50%	**68,33%**	45,38%	54,22%
67	ZF Friedrichshafen	75,00%	58,39%	83,93%	**67,50%**	43,41%	55,87%
	Obi Bau- und Heimwerkermärkte GmbH & Co. Franchise Center KG	78,57%	35,58%	79,69%	**67,50%**	35,21%	44,57%
69	Coca-Cola Erfrischungsgetränke	78,57%	54,12%	87,50%	**67,22%**	35,41%	51,49%
	Bundesamt für Sicherheit in der Informationstechnik	32,14%	17,95%	80,80%	**67,22%**	2,22%	22,90%
	KUKA Group	75,00%	40,61%	76,34%	**67,22%**	29,23%	43,55%
72	Microsoft Deutschland	85,71%	45,59%	85,71%	**66,75%**	40,90%	50,90%
73	Deutsche Lufthansa	92,86%	61,89%	83,93%	**66,55%**	48,69%	59,96%
74	Evonik Industries	89,29%	60,49%	82,81%	**66,11%**	41,29%	56,21%
75	Adidas	60,71%	55,19%	76,52%	**65,83%**	36,75%	50,75%
	Dussmann Stiftung & Co. KGaA	60,71%	22,29%	57,14%	**65,83%**	13,73%	29,06%
77	Software AG	75,00%	48,58%	75,67%	**65,49%**	38,56%	49,78%
78	KfW Bankengruppe	71,43%	45,31%	85,09%	**65,04%**	19,45%	41,22%
79	Osram	82,14%	37,19%	81,25%	**65,00%**	39,45%	46,72%
	Nike	82,14%	42,12%	74,69%	**65,00%**	21,41%	40,90%
81	Allianz Gruppe	82,14%	56,13%	87,50%	**64,72%**	48,12%	57,08%
82	Ernst & Young	78,57%	66,82%	75,67%	**64,67%**	52,30%	61,72%
83	Adam Opel	57,14%	42,49%	74,33%	**64,60%**	40,29%	47,25%
84	B. Braun Melsungen	82,14%	51,41%	83,62%	**64,44%**	37,64%	51,00%
	SolarWorld	82,14%	54,92%	75,89%	**64,44%**	29,73%	48,68%
86	UBS	78,57%	61,16%	74,11%	**63,94%**	54,89%	60,59%
87	Tchibo	78,57%	55,48%	70,54%	**63,61%**	47,36%	55,36%
88	McDonald's Deutschland Inc.	89,29%	36,39%	80,71%	**63,33%**	28,01%	41,94%
89	Dr. August Oetker	89,29%	29,65%	96,88%	**62,50%**	49,12%	48,71%
	Dirk Rossmann	85,71%	26,31%	91,88%	**62,50%**	40,16%	43,53%
	McKinsey & Company	75,00%	53,29%	87,50%	**62,50%**	31,58%	48,78%
	Edeka Gruppe	78,57%	34,37%	87,50%	**62,50%**	26,09%	40,15%
	CLAAS	64,29%	36,48%	84,38%	**62,50%**	11,15%	34,04%
	Dräger	89,29%	44,97%	84,15%	**62,50%**	30,72%	46,07%
	Vodafone	82,14%	59,45%	82,59%	**62,50%**	47,83%	57,55%

Rang	Unternehmen	Zugang	Informat.	Design	Navigat.	Interakt.	Gesamt
	BSH (Bosch & Siemens Hausgeräte GmbH)	57,14%	42,53%	81,25%	62,50%	40,39%	47,34%
	Praktiker Bau- und Heimwerkermärkte	92,86%	40,33%	81,25%	62,50%	27,32%	43,12%
	Bundesnachrichtendienst	50,00%	20,46%	77,90%	62,50%	14,84%	28,87%
	MTU Aero Engines	71,43%	52,92%	77,68%	62,50%	36,39%	49,91%
	Deutsche Bundesbank	53,57%	39,85%	76,47%	62,50%	33,52%	43,23%
101	Salzgitter	85,71%	53,03%	84,38%	61,94%	33,23%	49,65%
102	Rhön-Klinikum	53,57%	44,05%	79,46%	61,88%	19,62%	39,20%
103	Tognum AG MTU Friedrichshafen	85,71%	54,09%	84,38%	61,25%	34,11%	50,27%
104	Robert Bosch	89,29%	56,41%	91,43%	61,11%	51,56%	58,57%
	Globus Handelshof Gruppe	53,57%	33,93%	74,11%	61,11%	27,50%	38,42%
106	Helios Kliniken	64,29%	43,46%	91,43%	60,83%	41,95%	48,90%
	Philips	82,14%	51,19%	82,59%	60,83%	47,06%	54,10%
108	DELL	89,29%	35,70%	86,74%	60,63%	45,65%	48,65%
109	Sparkassen-Finanzgruppe	85,71%	54,43%	74,55%	60,17%	41,88%	52,84%
110	Douglas (Holding)	85,71%	47,77%	88,75%	60,00%	37,00%	49,24%
	Procter & Gamble	75,00%	48,48%	84,38%	60,00%	46,07%	52,36%
	Peek & Cloppenburg Düsseldorf	75,00%	47,47%	84,38%	60,00%	48,59%	53,02%
113	Phoenix Pharmahandel	75,00%	38,48%	82,37%	59,93%	27,33%	41,26%
114	HeidelbergCement	75,00%	48,02%	84,38%	59,72%	32,24%	46,63%
	Celesio	89,29%	48,81%	82,81%	59,72%	31,81%	47,37%
	Enercon	78,57%	26,17%	72,28%	59,72%	28,56%	37,09%
	Leoni	78,57%	45,62%	69,15%	59,72%	35,41%	46,47%
118	Münchner Rück (Munich Re)	82,14%	60,41%	91,88%	59,38%	36,91%	53,51%
119	Capgemini Deutschland Holding GmbH	89,29%	42,72%	81,03%	59,21%	34,31%	46,07%
120	RWE	85,71%	58,26%	82,37%	59,10%	46,78%	56,37%
	Europäische Zentralbank	53,57%	49,66%	78,26%	59,10%	35,50%	47,04%
122	BCG (The Boston Consulting Group)	82,14%	25,04%	87,50%	58,33%	37,81%	41,12%
	Statistisches Bundesamt	53,57%	24,06%	59,15%	58,33%	10,62%	27,05%
124	Continental	82,14%	60,34%	84,15%	58,06%	44,17%	55,81%
125	Phoenix Contact	89,29%	52,47%	82,59%	57,99%	30,79%	47,97%

Rang	Unternehmen	Zugang	Informat.	Design	Navigat.	Interakt.	Gesamt
126	Freudenberg & Co. KG	78,57%	40,62%	77,68%	57,85%	38,81%	46,23%
127	ProSiebenSat.1 Media	85,71%	57,29%	87,50%	57,50%	27,97%	48,52%
128	IKEA Deutschland	89,29%	52,46%	83,93%	56,94%	28,23%	46,85%
	Asklepios Kliniken	75,00%	39,45%	76,12%	56,94%	30,28%	42,02%
130	Deutsche Börse	82,14%	49,42%	65,40%	56,11%	42,45%	50,07%
131	ZDF	82,14%	22,02%	77,90%	55,83%	11,82%	28,81%
132	Apple	82,14%	27,26%	83,75%	55,56%	28,50%	37,57%
	Unilever	75,00%	54,16%	75,89%	55,56%	42,53%	51,85%
134	TÜV Rheinland Group	78,57%	47,94%	79,46%	55,21%	49,34%	52,70%
135	MAN Gruppe	82,14%	64,67%	79,69%	55,06%	41,16%	55,45%
136	Voith	82,14%	43,99%	81,25%	55,00%	40,25%	47,92%
	HUGO BOSS	92,86%	40,90%	81,25%	55,00%	34,61%	45,11%
138	Metro Group	64,29%	52,58%	95,31%	54,86%	29,35%	46,35%
139	IBM Deutschland	89,29%	64,66%	100,00%	54,72%	48,87%	59,85%
	Schenker	78,57%	47,27%	72,32%	54,72%	28,91%	43,86%
141	Dekra	85,71%	52,65%	81,03%	54,17%	27,69%	45,96%
	Infineon Technologies	75,00%	52,99%	80,58%	54,17%	32,23%	47,34%
143	Deichmann	64,29%	16,76%	69,64%	53,96%	13,89%	26,21%
144	Fraunhofer-Gesellschaft	78,57%	49,97%	68,75%	53,82%	32,05%	45,75%
145	Liebherr	78,57%	34,53%	73,44%	53,61%	30,78%	40,04%
146	Dräxlmaier Group	71,43%	28,51%	65,85%	52,92%	30,40%	36,94%
147	TUI	85,71%	47,56%	78,17%	52,85%	40,26%	48,87%
148	Peek & Cloppenburg Hamburg	75,00%	36,43%	82,81%	52,50%	25,83%	38,85%
	Alstom Deutschland	71,43%	47,13%	73,88%	52,50%	35,28%	45,75%
150	L'Oréal Deutschland	82,14%	53,00%	77,46%	51,94%	49,02%	53,93%
151	Blizzard Entertainment	82,14%	20,87%	67,63%	51,39%	29,87%	34,45%
152	Heidelberger Druckmaschinen	75,00%	45,68%	75,89%	50,83%	22,25%	40,05%
153	Thomas Cook	71,43%	39,35%	76,34%	50,69%	36,22%	43,26%
154	Unternehmensgruppe Knauf	78,57%	36,50%	68,08%	50,49%	30,19%	39,76%

Rang	Unternehmen	Zugang	Informat.	Design	Navigat.	Interakt.	Gesamt
155	Bombardier Transportation	85,71%	39,29%	77,90%	50,00%	34,60%	43,27%
	GIZ Deutsche Gesellschaft für Internationale Zusammenarbeit	71,43%	59,19%	74,24%	50,00%	57,41%	58,46%
157	Sony Deutschland	78,57%	38,22%	75,89%	49,31%	11,93%	33,27%
	Vattenfall Europe	82,14%	53,68%	67,90%	49,31%	38,62%	49,13%
159	Google	57,14%	51,15%	72,10%	48,61%	26,33%	42,19%
	Hewlett-Packard	75,00%	44,36%	65,40%	48,61%	52,67%	50,91%
	Tengelmann Gruppe	85,71%	26,58%	64,51%	48,61%	18,55%	31,53%
162	Hochtief	78,57%	60,57%	87,19%	46,32%	37,69%	51,51%
163	Lidl	64,29%	36,74%	81,03%	45,28%	17,71%	34,00%
164	Netto Marken-Discount	39,29%	37,45%	73,44%	44,93%	22,33%	34,42%
165	Deutsches Forschungszentrum für Künstliche Intelligenz	46,43%	25,43%	50,98%	42,01%	23,45%	29,45%
166	Amazon	92,86%	36,32%	71,43%	40,00%	22,29%	35,84%
167	Karstadt	71,43%	27,95%	70,54%	38,89%	14,47%	28,50%
168	STRABAG	57,14%	35,28%	64,29%	38,33%	33,11%	37,41%
169	Ford-Werke	67,86%	45,46%	72,99%	38,13%	15,29%	34,79%
170	Würth-Gruppe	75,00%	31,77%	78,57%	35,42%	19,41%	31,88%

Ranking nach dem Cluster Interaktivität

Überblick Cluster Interaktivität

über 60%
2%

50% bis 60%
12%

unter 50%
86%

Verteilung Zielerreichungsgrad auf Ergebnis-Cluster Interaktivität
(n=170) | Ø = 37,57%

TOP 10 Aufsteiger nach Vergleich der Cluster-Ergebnisse Interaktivität 2010 und 2012

+29,3%	Mahle
+26,7%	TUI
+25%	C&A
+24,5%	Osram
+22,5%	Linde
+21,1%	Sparkassen-Finanzgruppe
+20,4%	Schaeffler Gruppe
+19,4%	DZ Bank
+19,2%	Freudenberg
+18,8%	DELL

Rang	Unternehmen	Zugang	Informat.	Design	Navigat.	Interakt.	Gesamt
1	Henkel	85,71%	85,31%	87,50%	91,07%	69,85%	80,12%
2	Bertelsmann	92,86%	71,35%	85,94%	77,58%	61,45%	70,13%
3	Siemens	96,43%	73,62%	86,52%	74,90%	60,35%	70,29%
4	Bayer	96,43%	77,05%	78,79%	95,83%	58,39%	73,46%
5	SAP	92,86%	64,19%	72,32%	77,94%	57,90%	65,58%
6	Audi	89,29%	59,12%	84,15%	83,93%	57,65%	65,01%
7	Deutsche Post DHL	92,86%	72,11%	100,00%	89,64%	57,52%	71,34%
8	GIZ Deutsche Gesellschaft für Internationale Zusammenarbeit	71,43%	59,19%	74,24%	50,00%	57,41%	58,46%
9	ThyssenKrupp	89,29%	77,16%	83,93%	84,33%	57,33%	71,25%
10	EADS	89,29%	71,92%	80,36%	83,93%	57,26%	69,15%
11	BMW Group	85,71%	71,44%	85,94%	89,29%	56,45%	69,56%
12	Deutsche Telekom	85,71%	71,55%	87,50%	88,25%	56,16%	69,40%
13	UBS	78,57%	61,16%	74,11%	63,94%	54,89%	60,59%
14	Fresenius	82,14%	80,64%	89,15%	86,95%	54,65%	71,69%
15	Daimler	96,43%	86,49%	68,30%	88,61%	54,20%	73,48%
16	Otto Group	92,86%	75,14%	84,38%	75,71%	53,80%	68,04%
17	Commerzbank	89,29%	55,23%	82,81%	68,61%	53,68%	59,70%
18	Hewlett-Packard	75,00%	44,36%	65,40%	48,61%	52,67%	50,91%
19	Ernst & Young	78,57%	66,82%	75,67%	64,67%	52,30%	61,72%
20	Volkswagen	92,86%	54,58%	83,93%	72,54%	51,65%	59,48%
21	Roche Diagnostics	85,71%	60,40%	84,96%	89,17%	51,57%	63,67%
22	Robert Bosch	89,29%	56,41%	91,43%	61,11%	51,56%	58,57%
23	PricewaterhouseCoopers (PwC)	92,86%	61,50%	81,88%	84,29%	51,00%	63,30%
24	Randstad Deutschland	85,71%	59,06%	78,13%	74,64%	50,68%	60,33%
25	TÜV Rheinland Group	78,57%	47,94%	79,46%	55,21%	49,34%	52,70%
26	KPMG	82,14%	56,87%	95,00%	70,00%	49,16%	58,92%
27	Dr. August Oetker	89,29%	29,65%	96,88%	62,50%	49,12%	48,71%
28	L'Oréal Deutschland	82,14%	53,00%	77,46%	51,94%	49,02%	53,93%
29	IBM Deutschland	89,29%	64,66%	100,00%	54,72%	48,87%	59,85%
30	Deutsche Lufthansa	92,86%	61,89%	83,93%	66,55%	48,69%	59,96%

Tabelle 6: Cluster-Ranking Interaktivität

Rang	Unternehmen	Zugang	Informat.	Design	Navigat.	Interakt.	Gesamt
31	Boehringer Ingelheim	82,14%	73,96%	83,93%	89,29%	48,61%	67,03%
32	Peek & Cloppenburg Düsseldorf	75,00%	47,47%	84,38%	60,00%	48,59%	53,02%
33	Bilfinger Berger	78,57%	53,45%	84,15%	68,61%	48,39%	56,49%
34	Allianz Gruppe	82,14%	56,13%	87,50%	64,72%	48,12%	57,08%
35	Vodafone	82,14%	59,45%	82,59%	62,50%	47,83%	57,55%
36	Tchibo	78,57%	55,48%	70,54%	63,61%	47,36%	55,36%
37	Accenture	96,43%	63,98%	76,12%	85,48%	47,30%	62,76%
38	Philips	82,14%	51,19%	82,59%	60,83%	47,06%	54,10%
39	RWE	85,71%	58,26%	82,37%	59,10%	46,78%	56,37%
40	Festo	82,14%	61,65%	75,18%	80,75%	46,74%	60,25%
41	Procter & Gamble	75,00%	48,48%	84,38%	60,00%	46,07%	52,36%
42	Merck	92,86%	58,61%	90,00%	80,36%	45,98%	60,10%
43	Deutsche Bahn	78,57%	49,56%	87,50%	77,14%	45,93%	55,59%
44	DELL	89,29%	35,70%	86,74%	60,63%	45,65%	48,65%
45	Ferchau Engineering	82,14%	61,88%	82,14%	78,13%	45,51%	59,79%
46	E.ON	78,57%	50,04%	87,50%	68,33%	45,38%	54,22%
47	BASF	92,86%	67,09%	86,07%	89,48%	45,08%	63,88%
48	Nestlé Deutschland	92,86%	60,28%	84,15%	96,43%	44,93%	62,38%
49	Red Bull	85,71%	36,38%	78,13%	87,50%	44,79%	51,97%
50	DZ Bank	82,14%	45,61%	82,14%	68,61%	44,58%	52,30%
51	Deutsche Bank	92,86%	53,10%	84,64%	83,93%	44,46%	57,83%
52	Continental	82,14%	60,34%	84,15%	58,06%	44,17%	55,81%
53	Shell	85,71%	66,71%	88,53%	86,71%	44,07%	62,69%
54	HypoVereinsbank	82,14%	61,34%	88,53%	91,87%	43,52%	61,19%
55	ZF Friedrichshafen	75,00%	58,39%	83,93%	67,50%	43,41%	55,87%
56	Fraport	85,71%	59,21%	76,12%	81,11%	43,30%	58,30%
57	SMA Solar Technology	92,86%	73,46%	83,93%	69,45%	43,25%	62,27%
58	Intel	71,43%	72,10%	73,66%	83,54%	42,55%	62,04%
59	Unilever	75,00%	54,16%	75,89%	55,56%	42,53%	51,85%
60	Deutsche Börse	82,14%	49,42%	65,40%	56,11%	42,45%	50,07%
61	Arvato	82,14%	48,68%	78,13%	68,61%	42,45%	52,32%
62	Schaeffler Gruppe	92,86%	60,12%	76,79%	71,19%	42,34%	57,14%
63	Helios Kliniken	64,29%	43,46%	91,43%	60,83%	41,95%	48,90%
64	Beiersdorf	96,43%	54,32%	76,43%	79,76%	41,93%	56,39%
65	Sparkassen-Finanzgruppe	85,71%	54,43%	74,55%	60,17%	41,88%	52,84%

Rang	Unternehmen	Zugang	Informat.	Design	Navigat.	Interakt.	Gesamt
66	DATEV	82,14%	66,81%	89,87%	93,21%	41,54%	62,58%
67	Evonik Industries	89,29%	60,49%	82,81%	66,11%	41,29%	56,21%
68	Deloitte	89,29%	52,77%	85,40%	70,00%	41,27%	54,21%
69	MAN Gruppe	82,14%	64,67%	79,69%	55,06%	41,16%	55,45%
70	Microsoft Deutschland	85,71%	45,59%	85,71%	66,75%	40,90%	50,90%
71	DM-Drogerie Markt GmbH & Co. KG	60,71%	34,51%	87,50%	87,50%	40,70%	48,89%
72	Porsche	85,71%	51,25%	84,38%	77,58%	40,61%	54,32%
73	BSH (Bosch & Siemens Hausgeräte GmbH)	57,14%	42,53%	81,25%	62,50%	40,39%	47,34%
74	Adam Opel	57,14%	42,49%	74,33%	64,60%	40,29%	47,25%
75	Postbank	89,29%	58,79%	95,00%	87,50%	40,27%	59,02%
76	TUI	85,71%	47,56%	78,17%	52,85%	40,26%	48,87%
77	Voith	82,14%	43,99%	81,25%	55,00%	40,25%	47,92%
78	Dirk Rossmann	85,71%	26,31%	91,88%	62,50%	40,16%	43,53%
79	Osram	82,14%	37,19%	81,25%	65,00%	39,45%	46,72%
80	Linde	71,43%	60,56%	81,25%	70,00%	39,25%	55,03%
81	ABB	82,14%	59,96%	76,52%	78,87%	39,22%	56,44%
82	Carl Zeiss	92,86%	46,00%	84,38%	70,00%	39,10%	51,10%
83	EnBW (Energie Baden-Württemberg)	92,86%	53,10%	82,59%	69,64%	38,97%	53,39%
84	Freudenberg & Co. KG	78,57%	40,62%	77,68%	57,85%	38,81%	46,23%
85	Vattenfall Europe	82,14%	53,68%	67,90%	49,31%	38,62%	49,13%
86	Software AG	75,00%	48,58%	75,67%	65,49%	38,56%	49,78%
87	Benteler Deutschland	67,86%	40,73%	81,88%	86,43%	37,93%	49,88%
88	BCG (The Boston Consulting Group)	82,14%	25,04%	87,50%	58,33%	37,81%	41,12%
89	Hochtief	78,57%	60,57%	87,19%	46,32%	37,69%	51,51%
90	Mahle	78,57%	41,61%	88,75%	69,10%	37,64%	48,35%
	B. Braun Melsungen	82,14%	51,41%	83,62%	64,44%	37,64%	51,00%
92	Roland Berger Strategy Consultants	89,29%	49,87%	88,30%	69,72%	37,60%	51,83%
93	C&A Mode & Co.	82,14%	38,96%	85,94%	96,43%	37,45%	51,48%
94	Douglas (Holding)	85,71%	47,77%	88,75%	60,00%	37,00%	49,24%
95	Münchner Rück (Munich Re)	82,14%	60,41%	91,88%	59,38%	36,91%	53,51%

137

Ranking nach dem
Cluster Interaktivität

Rang	Unternehmen	Zugang	Informat.	Design	Navigat.	Interakt.	Gesamt
96	Adidas	60,71%	55,19%	76,52%	65,83%	36,75%	50,75%
97	MTU Aero Engines	71,43%	52,92%	77,68%	62,50%	36,39%	49,91%
98	Franz Haniel & Cie.	71,43%	54,37%	86,25%	73,61%	36,35%	52,49%
99	Thomas Cook	71,43%	39,35%	76,34%	50,69%	36,22%	43,26%
100	ALDI SÜD	75,00%	56,29%	93,44%	79,37%	35,96%	54,41%
101	Oracle	75,00%	51,55%	80,80%	83,33%	35,94%	52,71%
102	Deutsches Zentrum für Luft- und Raumfahrt	85,71%	50,13%	71,65%	71,24%	35,75%	50,40%
103	Europäische Zentralbank	53,57%	49,66%	78,26%	59,10%	35,50%	47,04%
104	CISCO	89,29%	44,14%	82,59%	69,88%	35,47%	48,72%
105	Coca-Cola Erfrischungsgetränke	78,57%	54,12%	87,50%	67,22%	35,41%	51,49%
	Leoni	78,57%	45,62%	69,15%	59,72%	35,41%	46,47%
107	Alstom Deutschland	71,43%	47,13%	73,88%	52,50%	35,28%	45,75%
108	Obi Bau- und Heimwerkermärkte GmbH & Co. Franchise Center KG	78,57%	35,58%	79,69%	67,50%	35,21%	44,57%
109	HUGO BOSS	92,86%	40,90%	81,25%	55,00%	34,61%	45,11%
110	Bombardier Transportation	85,71%	39,29%	77,90%	50,00%	34,60%	43,27%
111	Capgemini Deutschland Holding GmbH	89,29%	42,72%	81,03%	59,21%	34,31%	46,07%
112	John Deere	75,00%	46,04%	84,38%	68,61%	34,19%	48,05%
113	Tognum AG MTU Friedrichshafen	85,71%	54,09%	84,38%	61,25%	34,11%	50,27%
114	Auswärtiges Amt	85,71%	45,06%	81,03%	85,48%	34,10%	50,57%
115	Deutsche Bundesbank	53,57%	39,85%	76,47%	62,50%	33,52%	43,23%
116	Salzgitter	85,71%	53,03%	84,38%	61,94%	33,23%	49,65%
117	STRABAG	57,14%	35,28%	64,29%	38,33%	33,11%	37,41%
118	HeidelbergCement	75,00%	48,02%	84,38%	59,72%	32,24%	46,63%
119	Infineon Technologies	75,00%	52,99%	80,58%	54,17%	32,23%	47,34%
120	Fraunhofer-Gesellschaft	78,57%	49,97%	68,75%	53,82%	32,05%	45,75%
121	Rewe Group	89,29%	49,93%	84,38%	70,00%	31,95%	49,44%
122	Celesio	89,29%	48,81%	82,81%	59,72%	31,81%	47,37%
123	McKinsey & Company	75,00%	53,29%	87,50%	62,50%	31,58%	48,78%
124	Phoenix Contact	89,29%	52,47%	82,59%	57,99%	30,79%	47,97%
125	Liebherr	78,57%	34,53%	73,44%	53,61%	30,78%	40,04%

Rang	Unternehmen	Zugang	Informat.	Design	Navigat.	Interakt.	Gesamt
126	Dräger	89,29%	44,97%	84,15%	62,50%	30,72%	46,07%
127	Dräxlmaier Group	71,43%	28,51%	65,85%	52,92%	30,40%	36,94%
128	Asklepios Kliniken	75,00%	39,45%	76,12%	56,94%	30,28%	42,02%
129	Unternehmensgruppe Knauf	78,57%	36,50%	68,08%	50,49%	30,19%	39,76%
130	Blizzard Entertainment	82,14%	20,87%	67,63%	51,39%	29,87%	34,45%
131	SolarWorld	82,14%	54,92%	75,89%	64,44%	29,73%	48,68%
132	Metro Group	64,29%	52,58%	95,31%	54,86%	29,35%	46,35%
133	KUKA Group	75,00%	40,61%	76,34%	67,22%	29,23%	43,55%
134	Schenker	78,57%	47,27%	72,32%	54,72%	28,91%	43,86%
135	Enercon	78,57%	26,17%	72,28%	59,72%	28,56%	37,09%
136	Apple	82,14%	27,26%	83,75%	55,56%	28,50%	37,57%
137	IKEA Deutschland	89,29%	52,46%	83,93%	56,94%	28,23%	46,85%
138	McDonald's Deutschland Inc.	89,29%	36,39%	80,71%	63,33%	28,01%	41,94%
139	ProSiebenSat.1 Media	85,71%	57,29%	87,50%	57,50%	27,97%	48,52%
140	Dekra	85,71%	52,65%	81,03%	54,17%	27,69%	45,96%
141	Globus Handelshof Gruppe	53,57%	33,93%	74,11%	61,11%	27,50%	38,42%
142	Phoenix Pharmahandel	75,00%	38,48%	82,37%	59,93%	27,33%	41,26%
143	Praktiker Bau- und Heimwerkermärkte	92,86%	40,33%	81,25%	62,50%	27,32%	43,12%
144	Google	57,14%	51,15%	72,10%	48,61%	26,33%	42,19%
145	Edeka Gruppe	78,57%	34,37%	87,50%	62,50%	26,09%	40,15%
146	Peek & Cloppenburg Hamburg	75,00%	36,43%	82,81%	52,50%	25,83%	38,85%
147	Deutsches Forschungszentrum für Künstliche Intelligenz	46,43%	25,43%	50,98%	42,01%	23,45%	29,45%
148	Netto Marken-Discount	39,29%	37,45%	73,44%	44,93%	22,33%	34,42%
149	Amazon	92,86%	36,32%	71,43%	40,00%	22,29%	35,84%
150	Heidelberger Druckmaschinen	75,00%	45,68%	75,89%	50,83%	22,25%	40,05%
151	Nike	82,14%	42,12%	74,69%	65,00%	21,41%	40,90%
152	Rhön-Klinikum	53,57%	44,05%	79,46%	61,88%	19,62%	39,20%
153	KfW Bankengruppe	71,43%	45,31%	85,09%	65,04%	19,45%	41,22%
154	Würth-Gruppe	75,00%	31,77%	78,57%	35,42%	19,41%	31,88%
155	Tengelmann Gruppe	85,71%	26,58%	64,51%	48,61%	18,55%	31,53%

Rang	Unternehmen	Zugang	Informat.	Design	Navigat.	Interakt.	Gesamt
156	Deutsche Vermögensberatung	64,29%	35,63%	83,93%	70,00%	18,15%	37,64%
157	Lidl	64,29%	36,74%	81,03%	45,28%	17,71%	34,00%
158	Ford-Werke	67,86%	45,46%	72,99%	38,13%	15,29%	34,79%
159	Bundesnachrichtendienst	50,00%	20,46%	77,90%	62,50%	14,84%	28,87%
160	Karstadt	71,43%	27,95%	70,54%	38,89%	14,47%	28,50%
161	Deichmann	64,29%	16,76%	69,64%	53,96%	13,89%	26,21%
162	Dussmann Stiftung & Co. KGaA	60,71%	22,29%	57,14%	65,83%	13,73%	29,06%
163	Epcos	78,57%	27,84%	69,87%	68,61%	12,36%	32,40%
164	DPD Dynamic Parcel Distribution GmbH & Co. KG	67,86%	25,56%	74,78%	77,54%	12,01%	32,51%
165	Sony Deutschland	78,57%	38,22%	75,89%	49,31%	11,93%	33,27%
166	ZDF	82,14%	22,02%	77,90%	55,83%	11,82%	28,81%
167	CLAAS	64,29%	36,48%	84,38%	62,50%	11,15%	34,04%
168	Statistisches Bundesamt	53,57%	24,06%	59,15%	58,33%	10,62%	27,05%
169	Max-Planck-Gesellschaft	85,71%	49,75%	87,19%	74,44%	6,29%	39,74%
170	Bundesamt für Sicherheit in der Informationstechnik	32,14%	17,95%	80,80%	67,22%	2,22%	22,90%

Untersuchung der Abwicklungsprozesse

Überblick Responseverhalten

Testanfrage an die Unternehmen:

„Sehr geehrte Damen und Herren,

mit großem Interesse bin ich auf die Stellenangebote Ihrer Website aufmerksam geworden. Mich würde interessieren, ob es möglich ist, sich mit einem XING oder LinkedIn Profil, in dem alle meine wichtigen bzw. bewerbungsrelevanten Daten und Dokumente enthalten sind, bei Ihnen zu bewerben. Über Antwort würde ich mich freuen.

Mit freundlichem Gruß"

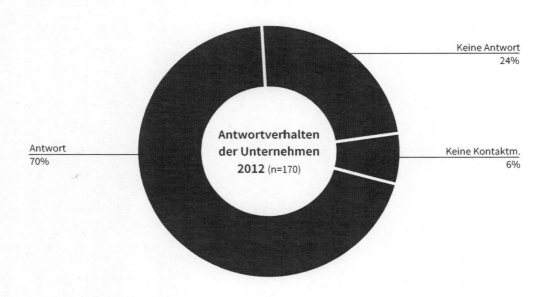

Antwortverhalten der Unternehmen 2012 (n=170)

- Antwort 70%
- Keine Antwort 24%
- Keine Kontaktm. 6%

35  benötigten für eine Antwort weniger als einen Tag

113 antworteten in der ersten Woche

40 gaben überhaupt keine Rückmeldung

Durch eine mittlerweile feste Etablierung von E-Business in der wirtschaftlichen Realität besteht wohl kein Zweifel mehr daran, dass dies dazu geführt hat, dass Prozesse im Vergleich zu früher schneller und kostengünstiger geworden sind. Das gilt natürlich auch für den Bereich Human Resources (E-HR). Heute gehört es zum Standard, Stellenanzeigen online zu schalten oder eine (unternehmenseigene) Online-Jobbörse zu betreiben. Einige Unternehmen sind sogar mittlerweile so weit, dass sie überhaupt keine Bewerbungen mehr in Papierform akzeptieren, um den Abwicklungsprozess zu erleichtern. Diejenigen Unternehmen, die nach wie vor Online- und Papierbewerbungen akzeptieren, stehen vor der Herausforderung, diese in einen gemeinsamen Auswahlprozess zu integrieren.

Außerdem übertragen Bewerber ihre Nutzungsgewohnheiten aus anderen E-Business-Bereichen auf das Online-Personalmarketing. Auf eine Anfrage eines Interessenten per E-Mail wird von diesem eine qualifizierte Antwort in spätestens 72 Stunden erwartet. Bewerber wollen darüber hinaus idealer Weise den Weg ihrer Bewerbung im Internet verfolgen (wie z. B. mit Paketsendungen) sowie ein Nutzerkonto anlegen und bei Bedarf ihre Daten anpassen können, so wie sie es aus dem Online-Versandhandel kennen.

Vorsicht ist vor allem dann geboten, wenn Bewerbern die Möglichkeit gegeben wird, mit dem Unternehmen in Kontakt zu treten, ohne dass die dafür notwendigen Abwicklungsprozesse geschaffen sind. Studien zeigten in den letzten Jahren, dass Online-Anfragen und -Bewerbungen auch bei renommierten Unternehmen teils unbeantwortet blieben.

Ziel der vorliegenden Studie ist aber primär nicht die Analyse unternehmensseitiger Abwicklungsprozesse. Andere Untersuchungen gehen direkter auf dieses Thema ein. Wurden in den vergangenen Studien dennoch zwei solcher Prozesse aus Bewerberperspektive überprüft (Online-Bewerbung auf konkrete Vakanz sowie eine bewerbungsspezifische Testanfrage per E-Mail), gab es in der aktuellen Studienauflage eine geringfügige Änderung. Auf eine Online-Bewerbung wurde komplett verzichtet. Der Fokus lag allein auf der Untersuchung von Response-Geschwindigkeit und -Qualität der vorseitig genannten E-Mail Anfrage bezüglich einer Direktbewerbungsmöglichkeit mittels Profilen der beiden Business-Netzwerke XING und LinkedIn, um über die bereits etablierte Online-Abwicklung von Bewerbungen hinaus auch den Bereich Social Media in den Abwicklungsprozessen zu thematisieren. In diesem Rahmen wurde also mit einer standardisierten Anfrage das Antwortverhalten der Personalabteilungen hinsichtlich einer qualifizierten

Bearbeitung überprüft, wobei die Ergebnisse im Cluster Interaktivität erfasst wurden und somit auch in das Gesamtergebnis der Studie einflossen. Die Ergebnisse werden im Folgenden dargestellt:

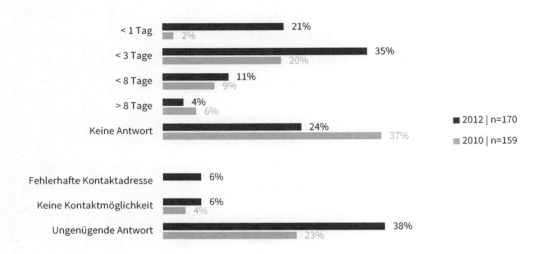

Abbildung 26: Response-Geschwindigkeit und -Qualität der Unternehmensantworten[12]

Vergleicht man die Antwortgeschwindigkeiten der diesjährigen Studienauflage mit den Werten von 2010, sind deutliche Verbesserungen zu erkennen. Ein Fünftel der Unternehmen gab innerhalb eines Tages Rückmeldung auf die gestellte Anfrage, weitere 35 Prozent antworteten in den ersten drei Tagen nach dem Kontakt. Insgesamt mehr als zwei Drittel der Unternehmen realisierten eine Antwort innerhalb einer Woche, verglichen mit 2010 (31 Prozent) eine nennenswerte Steigerung. Gleichzeitig ging auch die Zahl der Unternehmen, die nicht antworteten, um 13 Prozent zurück.

Eine negative Entwicklung zeigt sich allerdings in der Antwortqualität. Auf die aktuell gestellte Anfrage antworteten fast 40 Prozent der Unternehmen unqualifiziert, eine Steigerung von 15 Prozent verglichen mit 2010. Ob der Grund hierfür in dem Anfragethema zu suchen ist, sei dahingestellt. Hier besteht deutliches Verbesserungspotenzial.

---

[12] Abweichende Berechnungsgrundlage der Unternehmenszahl 2010 und 2012: In der aktuellen Studie bildet sich die Unternehmenszahl lediglich aus den Unternehmen ohne Kontaktmöglichkeit, denen, die nicht antworteten sowie sämtlichen Unternehmen mit unterschiedlicher Antwortdauer (100%). „Fehlerhafte Kontaktadresse" und „Ungenügende Antwort" wurden als zusätzliche Werte erhoben und zählen – im Gegensatz zur Studienauflage 2010 – nicht zur Unternehmensgesamtheit.

Unternehmensentwicklung

Überblick Unternehmensentwicklung

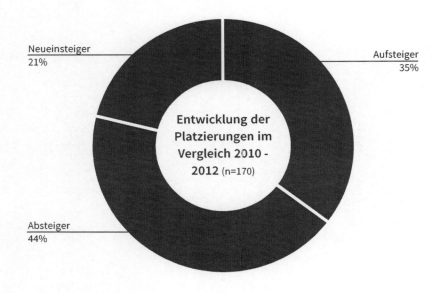

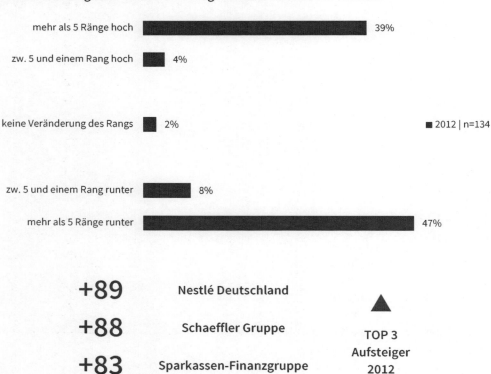

Auf- und Absteiger

Unternehmen	2000	2001	2003	2004	2006	2008	2010	2012	Veränderung[13]	
Nestlé Deutschland	x	x	75	83	36	118	111	22	+89	↑
Schaeffler Gruppe	45	30	52	49	79	127	131	43	+88	↑
Sparkassen-Finanzgruppe	x	x	130	122	128	112	148	65	+83	↑
Linde	53	51	37	16	116	102	129	55	+74	↑
C&A Mode & Co.	91	x	131	x	136	158	150	77	+73	↑
Festo	x	x	x	x	53	73	100	29	+71	↑
Fresenius	87	58	11	22	69	113	68	4	+64	↑
HypoVereinsbank	22	6	53	19	62	55	79	26	+53	↑
Randstad Deutschland	x	x	x	x	x	x	77	28	+49	↑
Roland Berger Strategy Consultants	x	x	60	41	64	66	121	74	+47	↑
Douglas (Holding)	50	x	132	21	126	157	139	92	+47	↑
DZ Bank	x	x	x	x	x	154	115	71	+44	↑
SolarWorld	x	x	x	x	x	x	143	100	+43	↑
Celesio	67	64	66	87	73	87	145	107	+38	↑
Auswärtiges Amt	85	73	110	x	125	143	119	83	+36	↑
Coca-Cola Erfrischungsgetränke	x	x	133	121	113	75	108	76	+32	↑
TUI	23	18	14	34	35	93	128	96	+32	↑
Mahle	33	x	46	59	88	141	135	103	+32	↑
MTU Aero Engines	x	x	x	x	x	x	118	87	+31	↑
DM-Drogerie Markt GmbH & Co. KG	x	x	x	x	x	125	126	95	+31	↑
Postbank	x	x	x	x	x	72	66	36	+30	↑
ProSiebenSat.1 Media	x	x	78	78	93	99	132	102	+30	↑
Deutsches Zentrum für Luft- und Raumfahrt	x	x	134	77	127	101	112	84	+28	↑
Ferchau Engineering	x	x	x	x	x	x	60	33	+27	↑
Software AG	x	x	x	x	x	140	114	89	+25	↑
Roche Diagnostics	x	x	x	x	x	27	41	17	+24	↑
Osram	95	33	73	42	70	138	137	113	+24	↑
Shell	x	x	x	x	33	32	42	20	+22	↑
Porsche	x	x	33	32	63	30	78	57	+21	↑
DELL	x	x	x	x	x	x	122	101	+21	↑

Tabelle 7: Unternehmensentwicklung – Auf- und Absteiger nach Rängen

[13] Legende: ↑ = > 5 Ränge aufgestiegen | ↗ = 5 bis 1 Ränge aufgestiegen | → = gleiche Platzierung wie Vorjahr | ↘ = 1 bis 5 Ränge abgestiegen | ↓ = > 5 Ränge abgestiegen | x = keine Bewertung.

Unternehmen	2000	2001	2003	2004	2006	2008	2010	2012	Veränderung	
Bilfinger Berger	80	86	100	80	90	132	65	45	+20	↑
Asklepios Kliniken	x	x	x	x	x	149	153	133	+20	↑
Henkel	64	40	48	52	68	14	19	1	+18	↑
Ernst & Young	x	x	30	30	38	43	43	25	+18	↑
KUKA Group	x	x	x	x	102	111	144	126	+18	↑
DATEV	x	x	x	x	x	x	38	21	+17	↑
ZF Friedrichshafen	x	x	99	75	94	114	67	50	+17	↑
EADS	7	42	12	48	46	28	27	11	+16	↑
Deutsche Börse	x	x	23	37	54	62	102	86	+16	↑
Freudenberg & Co. KG	61	60	61	47	106	88	133	117	+16	↑
Franz Haniel & Cie.	65	59	84	97	123	86	83	68	+15	↑
Edeka Gruppe	x	x	x	x	x	135	154	139	+15	↑
Siemens	5	2	2	5	23	21	20	7	+13	↑
Boehringer Ingelheim	51	50	32	27	28	54	26	13	+13	↑
Helios Kliniken	x	x	x	x	x	x	106	94	+12	↑
Accenture	x	x	15	54	32	45	30	19	+11	↑
BASF	34	44	68	20	45	25	25	16	+9	↑
Benteler Deutschland	56	56	67	105	81	79	97	88	+9	↑
Merck	6	14	35	61	12	19	37	30	+7	↑
ThyssenKrupp	66	78	54	90	95	60	12	6	+6	↑
Deutsche Bank	2	1	3	11	44	34	47	41	+6	↑
Max-Planck-Gesellschaft	x	x	x	x	x	134	149	143	+6	↑
UBS	x	x	x	x	x	15	32	27	+5	↗
Capgemini Deutschland Holding GmbH	x	x	x	x	x	x	124	119	+5	↗
Daimler	1	5	39	7	5	17	6	2	+4	↗
SAP	4	10	16	15	17	13	17	14	+3	↗
Deutsche Post DHL	13	34	22	72	15	6	7	5	+2	↗
Audi	49	55	65	88	71	35	15	15	0	→
Allianz Gruppe	30	22	43	24	30	37	44	44	0	→
Continental	58	20	70	60	37	77	51	51	0	→
Otto Group	44	25	38	50	43	23	11	12	-1	↘
KPMG	x	x	29	13	31	22	36	37	-1	↘
Rewe Group	71	68	85	82	96	41	90	91	-1	↘
Voith	x	x	x	x	x	52	105	106	-1	↘
Bayer	28	29	8	2	2	3	1	3	-2	↘

Unternehmen	2000	2001	2003	2004	2006	2008	2010	2012	Veränderung	
MAN Gruppe	77	62	102	93	76	18	50	53	-3	↘
Bertelsmann	25	11	1	1	9	10	4	8	-4	↘
Pricewaterhouse-Coopers (PwC)	x	x	17	6	6	7	14	18	-4	↘
ALDI SÜD	x	x	69	81	103	71	52	56	-4	↘
Unilever	x	x	62	39	47	31	69	73	-4	↘
Tognum AG MTU Friedrichshafen	x	x	x	x	x	x	80	85	-5	↓
Peek & Cloppenburg Düsseldorf	x	x	x	x	x	33	58	64	-6	↓
Ford-Werke	78	79	25	63	109	95	147	153	-6	↓
BMW Group	3	17	21	28	1	2	2	9	-7	↓
Deutsche Telekom	21	16	4	17	11	4	3	10	-7	↓
B. Braun Melsungen	19	31	82	45	29	61	72	79	-7	↓
ZDF	x	x	x	x	137	161	158	166	-8	↓
Tchibo	x	x	x	x	60	42	45	54	-9	↓
Bundesnachrichtendienst	x	x	x	x	x	162	156	165	-9	↓
Robert Bosch	11	63	7	4	20	29	28	38	-10	↓
Microsoft Deutschland	x	x	x	x	x	38	71	81	-10	↓
Infineon Technologies	x	19	5	36	26	64	98	108	-10	↓
Deloitte	x	x	55	62	66	76	48	59	-11	↓
Leoni	x	x	x	x	x	67	104	115	-11	↓
L'Oréal Deutschland	x	x	27	71	92	58	49	61	-12	↓
TÜV Rheinland Group	x	x	x	x	101	56	55	67	-12	↓
Bundesamt für Sicherheit in der Informationstechnik	x	x	x	x	x	160	157	170	-13	↓
Deichmann	39	81	105	91	129	159	155	169	-14	↓
Evonik Industries	x	x	x	x	x	51	34	49	-15	↓
Fraport	x	x	106	112	27	11	24	40	-16	↓
Karstadt	46	49	114	76	141	142	151	167	-16	↓
EnBW (Energie Baden-Württemberg)	x	x	x	x	32	44	46	63	-17	↓
Commerzbank	10	4	6	3	4	9	16	34	-18	↓
Beiersdorf	38	26	42	58	19	20	29	47	-18	↓
Fraunhofer-Gesellschaft	x	x	86	94	97	103	103	121	-18	↓

Unternehmen	2000	2001	2003	2004	2006	2008	2010	2012	Veränderung	
Sony Deutschland	x	x	9	10	67	83	138	158	-20	↓
Tengelmann Gruppe	98	80	74	95	105	124	142	162	-20	↓
Vodafone	9	53	59	69	40	24	21	42	-21	↓
Hochtief	20	23	13	33	48	78	54	75	-21	↓
IBM Deutschland	14	9	19	46	8	12	10	32	-22	↓
Deutsche Lufthansa	42	3	31	23	7	5	8	31	-23	↓
Lidl	x	x	x	x	x	96	134	157	-23	↓
Carl Zeiss	68	45	57	107	120	82	53	78	-25	↓
Adam Opel	16	54	123	86	124	90	85	110	-25	↓
Liebherr	x	x	x	x	78	129	116	141	-25	↓
Würth-Gruppe	35	71	94	113	142	136	136	161	-25	↓
Volkswagen	x	43	87	9	3	1	9	35	-26	↓
Alstom Deutschland	x	x	18	35	140	100	96	122	-26	↓
Münchner Rück (Munich Re)	74	21	56	38	41	47	35	62	-27	↓
Rhön-Klinikum	x	x	x	x	x	121	117	144	-27	↓
Salzgitter	x	x	x	x	x	48	62	90	-28	↓
Deutsche Bahn	52	38	36	92	58	57	23	52	-29	↓
Heidelberger Druckmaschinen	12	32	72	53	56	97	109	140	-31	↓
Dirk Rossmann	x	x	x	x	x	x	95	127	-32	↓
McKinsey & Company	x	x	89	26	25	16	64	97	-33	↓
HeidelbergCement	96	72	96	101	146	92	81	114	-33	↓
Globus Handelshof Gruppe	x	x	x	x	x	x	113	146	-33	↓
RWE	47	12	20	51	55	39	13	48	-35	↓
Philips	x	x	26	43	52	26	22	60	-38	↓
IKEA Deutschland	x	x	122	123	91	70	73	112	-39	↓
HUGO BOSS	x	x	x	x	42	49	84	123	-39	↓
Praktiker Bau- und Heimwerkermärkte	69	46	92	114	98	116	92	131	-39	↓
E.ON	x	35	58	65	16	8	18	58	-40	↓
ABB	31	8	24	31	22	36	5	46	-41	↓
Adidas	x	x	97	118	130	85	39	82	-43	↓

Unternehmen	2000	2001	2003	2004	2006	2008	2010	2012	Veränderung	
McDonald's Deutschland Inc.	89	65	104	103	114	69	91	134	-43	↓
Phoenix Pharmahandel	x	x	x	x	x	151	88	135	-47	↓
BCG (The Boston Consulting Group)	x	x	64	29	61	117	89	137	-48	↓
Obi Bau- und Heimwerkermärkte GmbH & Co. Franchise Center KG	60	67	81	89	80	40	75	124	-49	↓
Metro Group	83	36	45	67	50	84	57	116	-59	↓
Dräger	x	x	71	79	59	50	59	118	-59	↓
Vattenfall Europe	x	x	x	x	18	65	33	93	-60	↓
Dr. August Oetker	x	x	x	x	x	81	31	99	-68	↓
Deutsche Bundesbank	x	x	x	x	24	59	56	130	-74	↓
SMA Solar Technology	x	x	x	x	x	x	x	23	n/a	
Intel	x	x	x	x	x	x	x	24	n/a	
GIZ Deutsche Gesellschaft für Internationale Zusammenarbeit	x	x	x	x	x	x	x	39	n/a	
Oracle	x	x	x	x	x	x	x	66	n/a	
Procter & Gamble	x	x	x	x	x	x	x	69	n/a	
Arvato	x	x	x	x	x	x	x	70	n/a	
Red Bull	x	x	x	x	x	x	x	72	n/a	
Hewlett-Packard	x	x	x	x	x	x	x	80	n/a	
CISCO	x	x	x	x	x	x	x	98	n/a	
John Deere	x	x	x	x	x	x	x	104	n/a	
Phoenix Contact	x	x	x	x	x	x	x	105	n/a	
BSH (Bosch und Siemens Hausgeräte GmbH)	x	x	x	x	x	x	x	109	n/a	
Europäische Zentralbank	x	x	x	x	x	x	x	111	n/a	
Dekra	x	x	x	x	x	x	x	120	n/a	
Schenker	x	x	x	x	x	x	x	125	n/a	
Bombardier Transportation	x	x	x	x	x	x	x	128	n/a	
Thomas Cook	x	x	x	x	x	x	x	129	n/a	
Google	x	x	x	x	x	x	x	132	n/a	

Unternehmen	2000	2001	2003	2004	2006	2008	2010	2012	Veränderung ↗↖
KfW Bankengruppe	x	x	x	x	x	x	x	136	n/a
Nike	x	x	x	x	x	x	x	138	n/a
Unternehmensgruppe Knauf	x	x	x	x	x	x	x	142	n/a
Peek & Cloppenburg Hamburg	x	x	x	x	x	x	x	145	n/a
Deutsche Vermögensberatung	x	x	x	x	x	x	x	147	n/a
Apple	x	x	x	x	x	x	x	148	n/a
STRABAG	x	x	x	x	x	x	x	149	n/a
Enercon	x	x	x	x	x	x	x	150	n/a
Dräxlmaier Group	x	x	x	x	x	x	x	151	n/a
Amazon	x	x	x	x	x	x	x	152	n/a
Blizzard Entertainment	x	x	x	x	x	x	x	154	n/a
Netto Marken-Discount	x	x	x	x	x	x	x	155	n/a
CLAAS	x	x	x	x	x	x	x	156	n/a
DPD Dynamic Parcel Distribution GmbH & Co. KG	x	x	x	x	x	x	x	159	n/a
Epcos	x	x	x	x	x	x	x	160	n/a
Deutsches Forschungszentrum für Künstliche Intelligenz	x	x	x	x	x	x	x	163	n/a
Dussmann Stiftung & Co. KGaA	x	x	x	x	x	x	x	164	n/a
Statistisches Bundesamt	x	x	x	x	x	x	x	168	n/a

Vergleich über die Studienauflagen 2000 bis 2012

Unternehmen	2000	2001	2003	2004	2006	2008	2010	2012	Veränderung[14]	
ABB	31	8	24	31	22	36	5	46	-41	↓
Accenture	x	x	15	54	82	45	30	19	+11	↑
Adam Opel	16	54	123	86	124	90	85	110	-25	↓
Adidas	x	x	97	118	130	85	39	82	-43	↓
ALDI SÜD	x	x	69	81	103	71	52	56	-4	↘
Allianz Gruppe	30	22	43	24	30	37	44	44	0	→
Alstom Deutschland	x	x	18	35	140	100	96	122	-26	↓
Amazon	x	x	x	x	x	x	x	152	n/a	↑
Apple	x	x	x	x	x	x	x	148	n/a	↑
Arvato	x	x	x	x	x	x	x	70	n/a	↑
Asklepios Kliniken	x	x	x	x	x	149	153	133	+20	↑
Audi	49	55	65	88	71	35	15	15	0	→
Auswärtiges Amt	85	73	110	x	125	143	119	83	+36	↑
B. Braun Melsungen	19	31	82	45	29	61	72	79	-7	↓
BASF	34	44	68	20	45	25	25	16	+9	↑
Bayer	28	29	8	2	2	3	1	3	-2	↘
BCG (The Boston Consulting Group)	x	x	64	29	61	117	89	137	-48	↓
Beiersdorf	38	26	42	58	19	20	29	47	-18	↓
Benteler Deutschland	56	56	67	105	81	79	97	88	+9	↑
Bertelsmann	25	11	1	1	9	10	4	8	-4	↘
Bilfinger Berger	80	86	100	80	90	132	65	45	+20	↑
Blizzard Entertainment	x	x	x	x	x	x	x	154	n/a	↑
BMW Group	3	17	21	28	1	2	2	9	-7	↓
Boehringer Ingelheim	51	50	32	27	28	54	26	13	+13	↑
Bombardier Transportation	x	x	x	x	x	x	x	128	n/a	↑
BSH (Bosch und Siemens Hausgeräte GmbH)	x	x	x	x	x	x	x	109	n/a	↑
Bundesamt für Sicherheit in der Informationstechnik	x	x	x	x	x	160	157	170	-13	↓
Bundesnachrichtendienst	x	x	x	x	x	162	156	165	-9	↓

Tabelle 8: Unternehmensentwicklung - Jahresvergleich

---

[14] Legende: ↑ = > 5 Ränge aufgestiegen | ↗ = 5 bis 1 Ränge aufgestiegen | → = gleiche Platzierung wie Vorjahr | ↘ = 1 bis 5 Ränge abgestiegen | ↓ = > 5 Ränge abgestiegen | x = keine Bewertung.

Unternehmen	2000	2001	2003	2004	2006	2008	2010	2012	Veränderung	
C&A Mode & Co.	91	x	131	x	136	158	150	77	73	↑
Capgemini Deutschland Holding GmbH	x	x	x	x	x	x	124	119	5	↗
Carl Zeiss	68	45	57	107	120	82	53	78	-25	↓
Celesio	67	64	66	87	73	87	145	107	38	↑
CISCO	x	x	x	x	x	x	x	98	n/a	↑
CLAAS	x	x	x	x	x	x	x	156	n/a	↑
Coca-Cola Erfrischungsgetränke	x	x	133	121	113	75	108	76	32	↑
Commerzbank	10	4	6	3	4	9	16	34	-18	↓
Continental	58	20	70	60	37	77	51	51	0	→
Daimler	1	5	39	7	5	17	6	2	4	↗
DATEV	x	x	x	x	x	x	38	21	17	↑
Deichmann	39	81	105	91	129	159	155	169	-14	↓
Dekra								120	n/a	↑
DELL	x	x	x	x	x	x	122	101	21	↑
Deloitte	x	x	55	62	66	76	48	59	-11	↓
Deutsche Bahn	52	38	36	92	58	57	23	52	-29	↓
Deutsche Bank	2	1	3	11	44	34	47	41	6	↑
Deutsche Börse	x	x	23	37	54	62	102	86	16	↑
Deutsche Bundesbank	x	x	x	x	24	59	56	130	-74	↓
Deutsche Lufthansa	42	3	31	23	7	5	8	31	-23	↓
Deutsche Post DHL	13	34	22	72	15	6	7	5	2	↗
Deutsche Telekom	21	16	4	17	11	4	3	10	-7	↓
Deutsche Vermögensberatung	x	x	x	x	x	x	x	147	n/a	↑
Deutsches Forschungszentrum für Künstliche Intelligenz	x	x	x	x	x	x	x	163	n/a	↑
Deutsches Zentrum für Luft- und Raumfahrt	x	x	134	77	127	101	112	84	28	↑
Dirk Rossmann	x	x	x	x	x	x	95	127	-32	↓
DM-Drogerie Markt GmbH & Co. KG	x	x	x	x	x	125	126	95	31	↑
Douglas (Holding)	50	x	132	21	126	157	139	92	47	↑
DPD Dynamic Parcel Distribution GmbH & Co. KG	x	x	x	x	x	x	x	159	n/a	↑

Unternehmen	2000	2001	2003	2004	2006	2008	2010	2012	Veränderung	
Dr. August Oetker	x	x	x	x	x	81	31	99	-68	↓
Dräger	x	x	71	79	59	50	59	118	-59	↓
Dräxlmaier Group	x	x	x	x	x	x	x	151	n/a	↑
Dussmann Stiftung & Co. KGaA	x	x	x	x	x	x	x	164	n/a	↑
DZ Bank	x	x	x	x	x	154	115	71	44	↑
E.ON	x	35	58	65	16	8	18	58	-40	↓
EADS	7	42	12	48	46	28	27	11	16	↑
Edeka Gruppe	x	x	x	x	x	135	154	139	15	↑
EnBW (Energie Baden-Württemberg)	x	x	x	x	32	44	46	63	-17	↓
Enercon	x	x	x	x	x	x	x	150	n/a	↑
Epcos	x	x	x	x	x	x	x	160	n/a	↑
Ernst & Young	x	x	30	30	38	43	43	25	18	↑
Europäische Zentralbank	x	x	x	x	x	x	x	111	n/a	↑
Evonik Industries	x	x	x	x	x	51	34	49	-15	↓
Ferchau Engineering	x	x	x	x	x	x	60	33	27	↑
Festo	x	x	x	x	53	73	100	29	71	↑
Ford-Werke	78	79	25	63	109	95	147	153	-6	↓
Franz Haniel & Cie.	65	59	84	97	123	86	83	68	15	↑
Fraport	x	x	106	112	27	11	24	40	-16	↓
Fraunhofer-Gesellschaft	x	x	86	94	97	103	103	121	-18	↓
Fresenius	87	58	11	22	69	113	68	4	64	↑
Freudenberg & Co. KG	61	60	61	47	106	88	133	117	16	↑
GIZ Deutsche Gesellschaft für Internationale Zusammenarbeit	x	x	x	x	x	x	x	39	n/a	↑
Globus Handelshof Gruppe	x	x	x	x	x	x	113	146	-33	↓
Google	x	x	x	x	x	x	x	132	n/a	↑
HeidelbergCement	96	72	96	101	146	92	81	114	-33	↓
Heidelberger Druckmaschinen	12	32	72	53	56	97	109	140	-31	↓
Helios Kliniken	x	x	x	x	x	x	106	94	12	↑
Henkel	64	40	48	52	68	14	19	1	18	↑

Unternehmen	2000	2001	2003	2004	2006	2008	2010	2012	Veränderung	
Hewlett-Packard	x	x	x	x	x	x	x	80	n/a	↑
Hochtief	20	23	13	33	48	78	54	75	-21	↓
HUGO BOSS	x	x	x	x	42	49	84	123	-39	↓
HypoVereinsbank	22	6	53	19	62	55	79	26	53	↑
IBM Deutschland	14	9	19	46	3	12	10	32	-22	↓
IKEA Deutschland	x	x	122	123	91	70	73	112	-39	↓
Infineon Technologies	x	19	5	36	26	64	98	108	-10	↓
Intel	x	x	x	x	x	x	x	24	n/a	↑
John Deere	x	x	x	x	x	x	x	104	n/a	↑
Karstadt	46	49	114	76	141	142	151	167	-16	↓
KfW Bankengruppe	x	x	x	x	x	x	x	136	n/a	↑
KPMG	x	x	29	13	31	22	36	37	-1	↘
KUKA Group	x	x	x	x	102	111	144	126	18	↑
Leoni	x	x	x	x	x	67	104	115	-11	↓
Lidl	x	x	x	x	x	96	134	157	-23	↓
Liebherr	x	x	x	x	78	129	116	141	-25	↓
Linde	53	51	37	16	116	102	129	55	74	↑
L'Oréal Deutschland	x	x	27	71	92	58	49	61	-12	↓
Mahle	33	x	46	59	88	141	135	103	32	↑
MAN Gruppe	77	62	102	93	76	18	50	53	-3	↘
Max-Planck-Gesellschaft	x	x	x	x	x	134	149	143	6	↑
McDonald's Deutschland Inc.	89	65	104	103	114	69	91	134	-43	↓
McKinsey & Company	x	x	89	26	25	16	64	97	-33	↓
Merck	6	14	35	61	12	19	37	30	7	↑
Metro Group	83	36	45	67	50	84	57	116	-59	↓
Microsoft Deutschland	x	x	x	x	x	38	71	81	-10	↓
MTU Aero Engines	x	x	x	x	x	x	118	87	31	↑
Tognum AG MTU Friedrichshafen	x	x	x	x	x	x	80	85	-5	↓
Münchner Rück (Munich Re)	74	21	56	38	41	47	35	62	-27	↓
Nestlé Deutschland	x	x	75	83	36	118	111	22	89	↑

Unternehmen	2000	2001	2003	2004	2006	2008	2010	2012	Veränderung	
Netto Marken-Discount	x	x	x	x	x	x	x	155	n/a	↑
Nike	x	x	x	x	x	x	x	138	n/a	↑
Obi Bau- und Heimwerkermärkte GmbH & Co. Franchise Center KG	60	67	81	89	80	40	75	124	-49	↓
Oracle	x	x	x	x	x	x	x	66	n/a	↑
Osram	95	33	73	42	70	138	137	113	24	↑
Otto Group	44	25	38	50	43	23	11	12	-1	↘
Peek & Cloppenburg Düsseldorf	x	x	x	x	x	33	58	64	-6	↓
Peek & Cloppenburg Hamburg	x	x	x	x	x	x	x	145	n/a	↑
Philips	x	x	26	43	52	26	22	60	-38	↓
Phoenix Contact	x	x	x	x	x	x	x	105	n/a	↑
Phoenix Pharmahandel	x	x	x	x	x	151	88	135	-47	↓
Porsche	x	x	33	32	63	30	78	57	21	↑
Postbank	x	x	x	x	x	72	66	36	30	↑
Praktiker Bau- und Heimwerkermärkte	69	46	92	114	98	116	92	131	-39	↓
PricewaterhouseCoopers (PwC)	x	x	17	6	6	7	14	18	-4	↘
Procter & Gamble	x	x	x	x	x	x	x	69	n/a	↑
ProSiebenSat.1 Media	x	x	78	78	93	99	132	102	30	↑
Randstad Deutschland	x	x	x	x	x	x	77	28	49	↑
Red Bull	x	x	x	x	x	x	x	72	n/a	↑
Rewe Group	71	68	85	82	96	41	90	91	-1	↘
Rhön-Klinikum	x	x	x	x	x	121	117	144	-27	↓
Robert Bosch	11	63	7	4	20	29	28	38	-10	↓
Roche Diagnostics	x	x	x	x	x	27	41	17	24	↑
Roland Berger Strategy Consultants	x	x	60	41	64	66	121	74	47	↑
RWE	47	12	20	51	55	39	13	48	-35	↓
Salzgitter	x	x	x	x	x	48	62	90	-28	↓
SAP	4	10	16	15	17	13	17	14	3	↗
Schaeffler Gruppe	45	30	52	49	79	127	131	43	88	↑
Schenker	x	x	x	x	x	x	x	125	n/a	↑

Unternehmen	2000	2001	2003	2004	2006	2008	2010	2012	Veränderung	
Shell	x	x	x	x	33	32	42	20	22	↑
Siemens	5	2	2	5	23	21	20	7	13	↑
SMA Solar Technology	x	x	x	x	x	x	x	23	n/a	↑
Software AG	x	x	x	x	x	140	114	89	25	↑
SolarWorld	x	x	x	x	x	x	143	100	43	↑
Sony Deutschland	x	x	9	10	67	83	138	158	-20	↓
Sparkassen-Finanzgruppe	x	x	130	122	128	112	148	65	83	↑
Statistisches Bundesamt	x	x	x	x	x	x	x	168	n/a	↑
STRABAG	x	x	x	x	x	x	x	149	n/a	↑
Tchibo	x	x	x	x	50	42	45	54	-9	↓
Tengelmann Gruppe	98	80	74	95	105	124	142	162	-20	↓
Thomas Cook	x	x	x	x	x	x	x	129	n/a	↑
ThyssenKrupp	66	78	54	90	95	60	12	6	6	↑
TUI	23	18	14	34	35	93	128	96	32	↑
TÜV Rheinland Group	x	x	x	x	101	56	55	67	-12	↓
UBS	x	x	x	x	x	15	32	27	5	↗
Unilever	x	x	62	39	47	31	69	73	-4	↘
Unternehmensgruppe Knauf	x	x	x	x	x	x	x	142	n/a	↑
Vattenfall Europe	x	x	x	x	18	65	33	93	-60	↓
Vodafone	9	53	59	69	40	24	21	42	-21	↓
Voith	x	x	x	x	x	52	105	106	-1	↘
Volkswagen	x	43	87	9	3	1	9	35	-26	↓
Würth-Gruppe	35	71	94	113	142	136	136	161	-25	↓
ZDF	x	x	x	x	137	161	158	166	-8	↓
ZF Friedrichshafen	x	x	99	75	94	114	67	50	17	↑

Fazit und Ausblick

Betrachtet man zunächst die Gesamtergebnisse der diesjährigen Studienauflage, zeigt sich auch in diesem Jahr wieder die schon aus den vorherigen Studienauflagen bekannte „Drei-Klassen-Gesellschaft" der untersuchten Karriere-Websites.

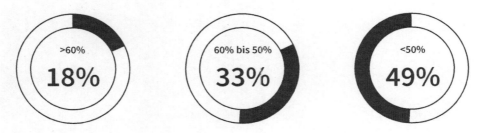

Abbildung 27: „Drei-Klassen-Gesellschaft der Karriere-Websites"

Hierbei gehören ca. 18 Prozent der untersuchten Karriere-Websites der ersten Gruppe an, in der sämtliche Unternehmen mehr als 60 Prozent der geforderten Heuristiken erfüllt haben. Ein Unternehmen erreichte sogar einen Spitzenwert von über 80 Prozent. Somit können die Vertreter in dieser Gruppe durchaus als Best Practices verstanden werden. Diese Karriere-Websites zeichnen sich mit sehr guten Ergebnissen über alle Cluster hinweg aus, bieten also dementsprechend die umfangreichsten Informationsangebote, in der Regel überzeugende Umsetzungen bei Design sowie Navigation und Usability und letztlich auch ein ausgereiftes, interaktives Angebot mit funktions- und inhaltsreichen Stellenmärkten, Bewerbungsmodulen und Personalisierungsmöglichkeiten. Daneben sind die Unternehmen dieser Gruppe auch meist diejenigen, die den mobilen Kanal beachten und am besten bearbeiten.

Im Mittelfeld (und damit in der zweiten Unternehmensgruppe) platzieren sich in der diesjährigen Studienauflage 33 Prozent der einbezogenen Unternehmen, die zwischen 50 und 60 Prozent der geforderten Heuristiken bedienen. Deren Karriere-Websites sind keineswegs als schlechte Umsetzungen zu verstehen, jedoch besteht an einigen Stellen noch Optimierungspotenzial, dessen Erfüllung einen Aufstieg in die „Spitzenklasse" ermöglicht. In dieser Unternehmensgruppe sind oftmals nur geringfügige Optimierungen an geeigneten Stellen nötig, um im Gesamt-Ranking aufzusteigen. Besonders im Fokus stehen hier die das Gesamtergebnis am stärksten beeinflussenden Cluster Information und Interaktivität. Oftmals ist es beispielsweise der Fall, dass die Karriere-Websites dieser Gruppe nicht sämtliche, relevanten Informationen für die Zielgruppen zur Verfügung stellen und hierdurch wertvolle Punkte auch in der Gesamtwertung verschenken. Die Gesamtergebnisse zeigen an dieser Stelle, dass die Unternehmen dieser Gruppe auch im Cluster Information im Mittelfeld einzuordnen sind. Mit den Ergebnissen im Cluster Interaktivität verhält es sich ähnlich. Inhaltlich und funktional nicht optimal umgesetzte Stellenmärkte und Bewerbungsmodule, schwacher Einsatz von Web 2.0-Tools, fehlende Social Media-Präsenz sowie auch eine Nichtbeachtung des mobilen Kanals (mobiles Personalmarketing und speziell Mobile Recruiting) verhindern an dieser Stelle den Sprung nach ganz oben.

Die Abschlussgruppe bilden in diesem Jahr mit ca. 49 Prozent diejenigen Unternehmen, deren Karriere-Websites weniger als 50 Prozent der geforderten Heuristiken erfüllen. Zum einen mangelt es hier oftmals an der Umsetzung in den beiden wichtigsten Clustern Information und Interaktivität. Ein sehr eingeschränktes Informationsangebot für die Zielgruppen, aber auch ein Mangel an grundlegenden interaktiven Elementen wie einem Stellenmarkt bzw. umfangreichen Bewerbungsmodul verhindern von vornherein einen Aufstieg und können somit als Hebel identifiziert werden. Daneben fehlt es diesen Karriere-Websites zum Teil jedoch auch an heute schon selbstverständlichen Dingen wie dem Zugang über andere Kanäle (z. B. Social Media) sowie der Beachtung wesentlicher Navigations- und Usability-Richtlinien. Insgesamt sind für einen nennenswerten Aufstieg dieser Karriere-Websites im Gesamt-Ranking meist umfangreichere Optimierungen notwendig. Ein positives Beispiel hierfür ist die Karriere-Website von Fresenius. Belegte das Unternehmen im Jahr 2008 noch Platz 113, gelang 2010 schon der Aufstieg auf Platz 68. Durch konsequente Weiterentwicklungen und Optimierungen erreichte deren Karriere-Website in der diesjährigen Auflage Platz vier, was eine nochmals bemerkenswerte Verbesserung darstellt.

Online-Bewerbungen und Abwicklungsprozesse von Anfragen

Betrachtet man unterschiedlichen „Stationen" der zeitlichen Entwicklung von Karriere-Websites (vgl. Abbildung 29), kann glücklicherweise festgestellt werden, dass in der Studienauflage von 2012 nun endlich eine überwiegende – und im Vergleich zu den Ergebnissen der Studienauflage 2010 nochmals gestiegene Unternehmensmehrheit – über eine Online-Bewerbungsmöglichkeit für potenzielle Kandidaten verfügt. Über 92 Prozent der Unternehmen bieten aktuell ihren Interessenten ein Online-Bewerbungsmodul an. Insbesondere hat sich verglichen mit den Ergebnissen der letzten Studie an dieser Stelle auch die Qualität der Online-Bewerbungsmöglichkeiten stark verbessert. Von denjenigen Unternehmen, die über ein Online-Bewerbungsmodul verfügen, erfüllen hinsichtlich der inhaltlichen Ausgestaltung über 85 Prozent noch mindestens 50 Prozent der geforderten Heuristiken in diesem Bereich, bei den funktionalen Elementen sind es sogar knapp 95 Prozent der Unternehmen mit Online-Bewerbungsmodul.

Auch bei der Abwicklung von E-Mail-Anfragen bezüglich einer bewerbungsspezifischen Fragestellung zeigt sich im Vergleich zur letzten Studie eine Verbesserung und die Unternehmen scheinen – zumindest teilweise – einige der letzten Handlungsempfehlungen umgesetzt zu haben. So antworteten aktuell über 70 Prozent der Unternehmen auf unsere Testanfrage, im Vergleich zur Studienauflage von 2010 nahm die Zahl derer, die nicht antworteten, von 37 Prozent auf 24 Prozent merklich ab. Auch bezüglich der Antwortgeschwindigkeit sind deutliche Steigerungen erkennbar. Antworteten in der Studienauflage 2010 nur knapp über 20 Prozent der Unternehmen in den ersten drei Tagen nach der Anfragestellung, waren es aktuell mit 56 Prozent mehr als doppelt so viele. Ein sich seit der letzten Studienauflage fortsetzender, negativer Trend ist dagegen in der Antwortqualität zu sehen. Wurde diese schon in der letzten Studie beanstandet, hat die Anzahl unqualifizierter Antworten aktuell nochmals um knapp 15 Prozent auf 38 Prozent zugenommen. Konkret bedeutet das, dass aktuell mehr als jede dritte Antwort als unqualifiziert anzusehen ist. Ein Sachverhalt der – unabhängig davon, ob die schlechten Ergebnisse dem Anfragethema geschuldet sind oder nicht – schnellstens beseitigt werden muss. An dieser Stelle sind die Unternehmen gefragt, weiterhin ihre Kompetenzen und Prozesse zu überprüfen bzw. die zuständigen Mitarbeiter gezielt zu sensibilisieren, um in Zukunft an dieser Stelle besser abzuschneiden. Denn eines ist sicher, sowohl keine bzw. zeitlich stark verzögerte Antworten, als auch qualitativ unzureichende Antworten werfen ein schlechtes Licht auf ein Unternehmen, können rufschädigend sein und sind letztlich aus Bewerbersicht nicht akzeptabel.

Noch deutlicher wird die Bedeutung zeitnaher und qualifizierter Kommunikation vor dem Hintergrund des Einsatzes von Social Media und Web 2.0-Angeboten für die HR-Kommunikation der Unternehmen, welcher als weitere Entwicklungslinie mittlerweile für Unternehmen zum Standard gehören sollte und im Folgenden näher thematisiert wird.

Social Media und Web 2.0

Grundsätzlich sollte sowohl der unternehmensexterne Einsatz von Social Media, als auch der unternehmensinterne Einsatz von Web 2.0-Tools mittlerweile für die HR-Kommunikation fest etabliert sein.

Unabhängig von den Ergebnissen der diesjährigen Studienauflage ist allgemein zunächst eine verstärkte Verlagerung der Kommunikation mit potenziellen Bewerbern auf unternehmensexterne Plattformen zu beobachten. Mittlerweile haben viele Unternehmen erkannt, dass durch Social Media-Plattformen – allen voran Facebook, aber auch Twitter, YouTube etc. – völlig neue Möglichkeiten entstehen, auch außerhalb der eigenen Karriere-Website mit Zielgruppen in Kontakt und Dialog zu treten. Da für die qualitative Bewertung von HR-Präsenzen deutscher Unternehmen auf diversen Social Media-Plattformen eigene Untersuchungen existieren, die dieses Thema weitaus umfangreicher bearbeiten, wurde in dieser Studie lediglich überprüft, ob die einbezogenen Unternehmen auf diese Plattformen verlinken und nicht nur mit einem allgemeinen Unternehmensauftritt, sondern auch karrierespezifisch aktiv vertreten sind. Eine qualitative Bewertung hinsichtlich der dort angebotenen Inhalte und Funktionen wurde jedoch nicht durchgeführt.

Aber auch wenn immer mehr Unternehmen zumindest eine Ausweitung ihrer Kommunikationskanäle vornehmen, sich auf diversen Social Media-Plattformen präsent zeigen und so z. B. Karriere-Fanpages bei Facebook, Karriere-Accounts bei Twitter, HR-Channels bei YouTube, Enterprise-Gruppen auf Business-Netzwerken wie XING oder auch Unternehmensprofile auf Arbeitgeberbewertungsplattformen wie kununu einrichten, muss festgehalten werden, dass auch in diesem Kontext auf eine stationäre Karriere-Website nach wie vor nicht verzichtet werden kann. Social Media-Plattformen sind vielmehr als zusätzliche Kanäle zu verstehen, durch die Unternehmen Aufmerksamkeit bei Interessenten für sich als Arbeitgeber generieren können. Für weiterführende Informationsbedürfnisse ist die Karriere-Website bei fast allen Zielgruppen – das bestätigen auch immer wieder diverse Studien – nach wie vor die präferierte Informationsquelle, nicht zuletzt da Social Media-Plattformen oftmals vorwiegend im privaten statt beruflichen Kontext verwendet werden. Wichtig ist natürlich, diese Kanäle nicht zu vernachlässigen, jedoch sollte auch keine Konzentration auf sie erfolgen. Die stationäre Karriere-Website ist auf jeden Fall als Zentrum aller unternehmensseitiger Kommunikationsaktivitäten anzusehen.

Noch immer keine Etablierung von Web 2.0-Tools auf Karriere-Websites

Als weiteren Punkt neben den Social Media-Aktivitäten von Unternehmen auf unternehmensexternen Plattformen wird kurz auch auf den Einsatz von Web 2.0-Tools auf der eigenen Karriere-Website eingegangen. Zeigen sich über den Bereich Web 2.0 hinaus schon gänzlich neue Entwicklungslinien von Karriere-Websites (vgl. Abbildung 29), kann bezüglich des Einsatzes von Web 2.0-Tools auf der Karriere-Website immer noch nicht von einer umfänglichen Etablierung gesprochen werden, auch wenn im Vergleich zu den Ergebnissen der Studienauflage 2010 Verbesserungen erkennbar sind (vgl. Abbildung 28).

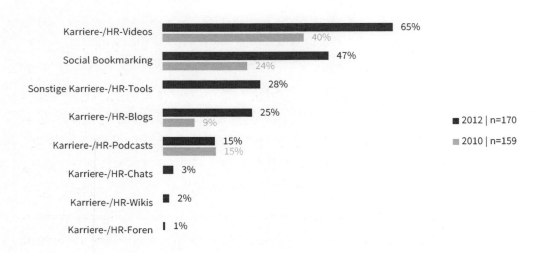

Abbildung 28: Nutzung von Web 2.0-Tools auf Karriere-Websites 2012

Sowohl der Einsatz von Karriere-Videos, als auch das Angebot einer Social Bookmarking-Funktion haben eine nennenswerte Steigerung erfahren. Mehr als jedes zweite Unternehmen nutzt 2012 Bewegtbilder, um sich als Arbeitgeber zu präsentieren. Daneben bietet fast die Hälfte der Unternehmen auf ihrer Karriere-Website Social Bookmarking-Funktionen an, was sowohl unternehmens-, als auch interessentenseitig vorteilhaft sein kann. Erfreulich ist auch, dass aktuell fast jedes dritte Unternehmen zur Steigerung der Interaktion mit potenziellen Bewerbern weitere Karriere-Tools wie z. B. Wettbewerbe, Case Studies und Ähnliches einsetzt, die noch in der letzten Studienauflage überhaupt keine Anwendung fanden. Dagegen finden Karriere-Blogs, die sich für eine lebhafte und authentische Interaktion mit Interessenten eignen genau wie Karriere-Podcasts nur bei einer Minderheit der Unternehmen Anwendung. Web 2.0-Tools wie Karriere-Chats und -

Wikis werden noch immer fast überhaupt nicht eingesetzt. Insgesamt sind die Bemühungen der in der aktuellen Studienauflage einbezogenen Unternehmen – in diesem in der HR-Kommunikation schon zum Standard zählenden Bereich – durchaus noch ausbaubar, was vor dem Hintergrund aktueller Entwicklungsschritte von Karriere-Websites auch dringend notwendig erscheint.

Mobile Media

Verfolgt man nämlich die Entwicklungslinien von Karriere-Websites konsequent weiter (Abbildung 29), ist bereits ein neuer Status Quo im Mobile Media-Einsatz in der HR-Kommunikation erkennbar. Wurden die durch die starke Verbreitung des mobilen Internets sowie eine neue Endgerätegeneration der „Post-PC-Devices" (z. B. Smartphones, Tablets etc.) entstehenden Herausforderungen für Unternehmen in der letzten Studienauflage (2010) noch als „Zukunftsthema" erwähnt, zeigen viele jüngere Umfrageergebnisse abseits der vorliegenden Studie bereits, dass das Thema Mobile Media in der Personalkommunikation und HR-Praxis angekommen ist und verstärkt Beachtung findet. Es entsteht ein neuer Kanal zur Ansprache und Gewinnung potenzieller Bewerber. Das alleinige Angebot einer stationären Karriere-Website ist aus Unternehmenssicht nicht mehr ausreichend, vielmehr ist unter Beachtung der Besonderheiten des mobilen Nutzungskontextes eine inhaltliche und funktionale Anpassung der zur Verfügung gestellten Inhalte für den mobilen Kanal notwendig, zunächst unabhängig von dessen konkreter Ausgestaltung.

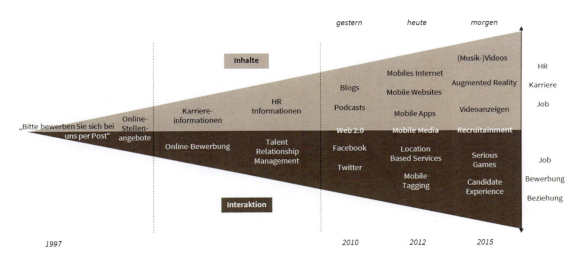

Abbildung 29: Die Entwicklung der Karriere-Websites im Zeitverlauf (Quelle: eigene Darstellung)

Verschiedene jüngste Studien, die sich detaillierter mit dem Thema Mobile Media in der HR-Kommunikation beschäftigen, identifizieren zunächst zwei klare Stoßrichtungen in den beiden Themenbereichen der mobilen Information (mobiles Personalmarketing, mobile Stellensuche etc.) und der mobilen Bewerbung (Mobile Recruiting). Deren Ergebnisse zeigen, dass sowohl bewerber- als auch unternehmensseitig aktuell ein starkes Verständnis und ein wachsender Bedarf für diese Themen in der Praxis erkennbar und oftmals bereits eine Verlagerung des Fokus auf das Thema Mobile zu beobachten ist.

Bewerberseitig beispielsweise nutzt oft schon ein Großteil mobile Endgeräte, um sich über mobile Karriere-Websites Unternehmensinformationen zu beschaffen und über Vakanzen zu informieren. Wird aktuell für eine Bewerbung noch die stationäre Karriere-Website präferiert, sind auch hier schon erste Bewegungen in Richtung der mobilen Bewerbung erkennbar. Besonders der geringere Funktionsumfang sowie ein eingeschränkter Bedienkomfort sind neben einem nicht erkennbaren Mehrwert zur stationären Online-Bewerbung als Nutzungsschwelle zu identifizieren. Ein nennenswerter Teil von Interessenten erwartet allerdings schon jetzt von einem attraktiven Arbeitgeber die Möglichkeit, sich einfach und komfortabel über den mobilen Kanal bewerben zu können. Interessant ist auch, dass viele Bewerber davon ausgehen, dass in naher Zukunft die mobile Bewerbung der stationären Online-Bewerbung gleichgestellt sein wird. Mobile Karriere-Apps werden dagegen momentan in geringerem Umfang als mobile Karriere-Websites genutzt. Vor allem der oftmals nicht erkennbare Mehrwert gegenüber die mobilen Karriere-Website sowie Bedenken zur Datensicherheit wirken hier nutzungshemmend.

Auch unternehmensseitig scheinen – abseits der vorliegenden Studie – dieser Trend sowie die sich wandelnden Bewerberbedürfnisse erkannt worden zu sein. Viele Unternehmen bieten so schon eine mobile Karriere-Website mit Unternehmens- sowie Karriereinformationen und Stellenangeboten an, viele andere haben diese in Planung. Auch die mobilen Karriere-/Recruiting-Apps gewinnen langsam an Beliebtheit, wobei unternehmensseitig vor allem die Plattformfragmentierung und der noch nicht ersichtliche Mehrwert gegenüber einer mobilen Karriere-Website diese Entwicklung noch einschränken. Treiber für das mobile Engagement sind aus Unternehmenssicht hauptsächlich eine Reichweitenerhöhung und die Möglichkeit zur Erschließung neuer Bewerberzielgruppen sowie eine erhoffte Positionierung als innovativer und attraktiver Arbeitgeber.

Einsatz mobiler Technologien bei Unternehmensgesamtheit noch überschaubar

Vergleicht man die Entwicklungen mit den Ergebnissen der vorliegenden Studie, zeigt sich jedoch noch ein differenzierteres Bild; die aktuelle Verbreitung mobiler Technologien mit Karriere-Bezug in der Unternehmensgesamtheit ist noch als gering zu bezeichnen, was zeigt, dass Themen wie mobiles Personalmarketing und Mobile Recruiting derzeit noch nicht von allen Unternehmen die nötige Beachtung finden (vgl. Abbildung 30).

Weit mehr als die Hälfte der in die aktuelle Studienauflage einbezogenen Unternehmen verfügt über keine mobil optimierte Website, nur knapp ein Viertel der Unternehmen bietet eine mobile Corporate-Website mit allgemeinen Unternehmensinformationen als Zugang zum Unternehmen an. Eine mobile Karriere-Website dagegen findet sich aktuell nur bei 16 Prozent der Unternehmensgesamtheit. Der Einsatz mobiler Applikationen mit Karriere-Bezug zeigt ein noch deutlicheres Bild. Zwar verfügen fast 50 Prozent der in die Studie einbezogenen Unternehmen über eine mobile Corporate-Applikation, allerdings stammen diese aus dem originären Geschäftsfeld der jeweiligen Unternehmen und zeigen dementsprechend keine karrierespezifischen Inhalte. Lediglich fünf Prozent bieten potenziellen Bewerbern eine (karriererelevante) Mobile Recruiting-Applikation an.

Es zeigt sich also trotz der starken Präsenz des Themas in HR-Theorie und -Praxis, dass zumindest die in dieser Studie einbezogenen Unternehmen noch einen Nachholbedarf aufweisen und bezüglich der Umsetzung noch einige Herausforderungen bevorstehen.

Abbildung 30: Mobile Media-Einsatz in der Studie HR im Internet 2012

Beleuchtet man noch kurz die unterschiedlichen Anwendungsfelder des Mobile Media-Einsatzes (vgl. Abbildung 31), zeigt sich, dass mit ca. 25 Prozent die Mehrheit der Unternehmen den mobilen Kanal für allgemeine HR-Informationen nutzt. Immer noch etwa 20 Prozent der Unternehmen kommunizieren karrierespezifische Bewerberinformationen mobil und 14 Prozent verfügen über mobile Stellenangebote. Im Bereich Mobile Recruiting dagegen bieten ca. 13 Prozent der Unternehmen potenziellen Bewerbern einen mobilen und funktionalen Stellemarkt an. Die Möglichkeit zu einer mobilen Direktbewerbung ist jedoch nur bei wenigen Unternehmen aktuell umgesetzt, noch geringer ist mit fünf Prozent die Implementierung eines mobilen Direktkontakts ausgeprägt, obwohl dies zumindest technisch keine hohe und unlösbare Herausforderung darstellt.

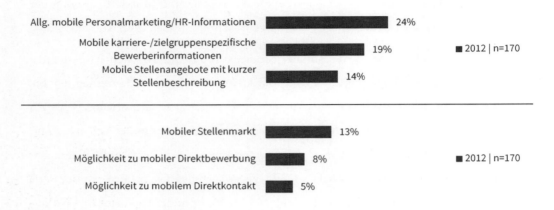

Abbildung 31: Anwendungsfelder mobiler Technologien in aktueller Studienauflage

Recruitainment

Steht das Personalmanagement noch am Anfang der Umsetzung von Mobile Media im HR-Bereich, kann bereits eine neue Entwicklung identifiziert werden (vgl. Abbildung 29). In Zukunft wird sich mit dem Bereich Recruitainment – unabhängig des Kanals – eine Veränderung der HR-Kommunikation in Richtung einer stärker audiovisuell geprägten und erklärenden Welt vollziehen. Beispielhaft seien hier vollständige Karriere-Channels auf YouTube für das Recruiting mit Videoanzeigen zur gezielten Information über Stellenagebote und Emotionalisierung der Zielgruppe genannt, um auch die Aufmerksamkeit für die Arbeitgebermarke zu erhöhen. Zur Steigerung der Partizipation potenzieller Bewerber wird zukünftig auch die Nutzung von Gamification oder Serious Games zur Vermittlung erster Einblicke in eine neue Berufs-/Arbeitswelt zunehmen. Durch Nutzung von Augmented Reality-Anwendungen ist eine lebhaftere, crossmediale Verzahnung des analogen und mobilen Kanals möglich, als das mittels Mobile Tagging umsetzbar war. Zuletzt wird mit dem Bereich Candidate Experience eine ganzheitlichere Sichtweise der Beziehung zwischen Unternehmen und potenziellem Bewerber Einzug erhalten.

Abschließend sind wir gespannt, wie sich die Karriere-Websites – auch unter Einbeziehungen von Mobile Media und Recruitainment – in Zukunft weiterentwickeln werden.

Literatur

Böhm, S./Jäger, W. (2009): Mobile Recruiting 2009. Wiesbaden.

Böhm, S./Jäger, W./Niklas, S. (2009): Bewerberansprache wird mobil. In: *Personal*, 61(09): 6-8.

Böhm, S./Jäger, W./Niklas, S. (2011): Mobile Applikationen im Recruiting und Personalmarketing. In: *Wirtschaftsinformatik und Management*, 04(11): 14-22.

Bruce, D. (2012): Entypo pictograms by Daniel Bruce. http://www.entypo.com/, Abruf am 15.11.2012.

Die Welt (2010): Deutschlands Große 500 – DIE WELT-Rangliste der 500 größten deutschen Unternehmen 2010.

Die Welt (2011): Deutschlands Große 500 – DIE WELT-Rangliste der 500 größten deutschen Unternehmen 2011. http://top500.welt.de/search, Abruf am 01.06.2012.

Jäger, W./Meser, C. (Hrsg.) (2009): Human Resources im Internet 2009 – Bewertung der HR-Websites bedeutender deutscher Arbeitgeber in Bezug auf das Angebot für die Zielgruppe Schüler und Auszubildende. Wiesbaden/Norderstedt.

Jäger, W./Böhm, S./Niklas, S. (2009): Mobile Recruiting – Bewerberansprache per Handy. In: *Personalmanager*, 06/2009: 34-36.

Jäger, W./Meser, C. (Hrsg.) (2010): Human Resources im Internet 2010 – Bewertung der HR-Websites bedeutender deutscher Arbeitgeber. Wiesbaden: Books on Demand.

Jäger, W. (2012): Vortragsunterlagen im Rahmen des Personalkongress 2012 – Personalmanagement mit neuen Medien heute, morgen, übermorgen.

Jäger, W./Böhm, S. (2012): Mobiles Personalmarketing und Recruiting. In Beck, C. (Hrsg.): *Personalmarketing 2.0*, 2. Aufl. Köln: Luchterhand: 309-320.

Jäger, W./Böhm, S./Niklas, S. (2012): Remomedia – next step in recruiting. http://www.remomedia.de/, Abruf am 01.06.2012.

JobStairs (2012): Online-Befragung zur mobilen Stellensuche 2012 – Präferenzen der Nutzer.

JobStairs (2012): Online-Befragung zur mobilen Stellensuche 2012 – Angebote der Unternehmen.

JobStairs (2012): Bewerber und Unternehmen setzen schon heute auf mobile Jobangebote. http://www.jobstairs.de/index.php?ac=page&ci=797; Abruf am 15.12.2012.

Jobware (2012): Mobile-Recruiting-Studie 2012 – Mobile Stellenanzeigen und mobile Bewerbungsszenarien. In Zusammenarbeit mit der Hochschule Rhein-Main unter Leitung von Prof. Dr. Wolfgang Jäger.

trendence Institut (2012a): trendence Graduate Barometer 2012 – Business Edition – Top-Arbeitgeber Business. http://www.deutschlands100.de/top-arbeitgeber/ranking-business.html, Abruf am 01.06.2012.

trendence Institut (2012b): trendence Graduate Barometer 2012 – Engineering Edition – Top-Arbeitgeber Engineering. http://www.deutschlands100.de/top-arbeitgeber/ranking-engineering.html, Abruf am 01.06.2012.

trendence Institut (2012c): trendence Graduate Barometer 2012 – IT Edition – Top-Arbeitgeber IT. http://www.deutschlands100.de/top-arbeitgeber/ranking-it.html, Abruf am 01.06.2012.

Weitzel, T./Eckhardt, A./von Stetten, A./Laumer, S./Maier, C./Guhl, E. (2012): Recruiting Trends 2012. Bamberg, Frankfurt am Main.

Verzeichnisse

Abbildungsverzeichnis

Abbildung 1: Die Herausgeber und das Bewertungs-Team (v.l.n.r.: Christopher Kissel, Veronika Eitsen, Sebastian Meurer, Johanna Schoefend, Wolfgang Jäger, Julia Bohlig, Johannes Arnold) XI
Abbildung 2: Bedeutung Thematik „Mobile" in einzelnen Clustern und Gesamtstudie 5
Abbildung 3: Prinzip des Auswahlschlüssels zur Bestimmung der Unternehmensgrundgesamtheit 10
Abbildung 4: Gewichtung der einzelnen Cluster in der Studie 13
Abbildung 5: Grundsätze des Studiendesigns 26
Abbildung 6: Kurzbeschreibung TOP 20 – Platzierung 1: Henkel 81
Abbildung 7: Kurzbeschreibung TOP 20 – Platzierung 2: Daimler 82
Abbildung 8: Kurzbeschreibung TOP 20 – Platzierung 3: Bayer 83
Abbildung 9: Kurzbeschreibung TOP 20 – Platzierung 4: Fresenius 84
Abbildung 10: Kurzbeschreibung TOP 20 – Platzierung 5: Deutsche Post DHL 85
Abbildung 11: Kurzbeschreibung TOP 20 – Platzierung 6: ThyssenKrupp 86
Abbildung 12: Kurzbeschreibung TOP 20 – Platzierung 7: Siemens 87
Abbildung 13: Kurzbeschreibung TOP 20 – Platzierung 8: Bertelsmann 88
Abbildung 14: Kurzbeschreibung TOP 20 – Platzierung 9: BMW 89
Abbildung 15: Kurzbeschreibung TOP 20 – Platzierung 10: Deutsche Telekom 90
Abbildung 16: Kurzbeschreibung TOP 20 – Platzierung 11: EADS 91
Abbildung 17: Kurzbeschreibung TOP 20 – Platzierung 12: Otto Group 92
Abbildung 18: Kurzbeschreibung TOP 20 – Platzierung 13: Boehringer Ingelheim 93
Abbildung 19: Kurzbeschreibung TOP 20 – Platzierung 14: SAP 94
Abbildung 20: Kurzbeschreibung TOP 20 – Platzierung 15: Audi 95
Abbildung 21: Kurzbeschreibung TOP 20 – Platzierung 16: BASF 96
Abbildung 22: Kurzbeschreibung TOP 20 – Platzierung 17: Roche Diagnostics 97
Abbildung 23: Kurzbeschreibung TOP 20 – Platzierung 18: PricewaterhouseCoopers ... 98
Abbildung 24: Kurzbeschreibung TOP 20 – Platzierung 19: Accenture 99
Abbildung 25: Kurzbeschreibung TOP 20 – Platzierung 20: Shell 100
Abbildung 26: Response-Geschwindigkeit und -Qualität der Unternehmensantworten 144
Abbildung 27: „Drei-Klassen-Gesellschaft der Karriere-Websites" 160

Abbildung 28: Nutzung von Web 2.0-Tools auf Karriere-Websites 2012 164

Abbildung 29: Die Entwicklung der Karriere-Websites im Zeitverlauf (Quelle: eigene Darstellung) 165

Abbildung 30: Mobile Media-Einsatz in der Studie HR im Internet 2012 167

Abbildung 31: Anwendungsfelder mobiler Technologien in aktueller Studienauflage 168

Tabellenverzeichnis

Tabelle 1: Gesamtergebnisse der Studie Human Resources im Internet 2012 75

Tabelle 2: Cluster-Ranking Zugang 103

Tabelle 3: Cluster-Ranking Information 111

Tabelle 4: Cluster-Ranking Design 119

Tabelle 5: Cluster-Ranking Navigation & Usability 127

Tabelle 6: Cluster-Ranking Interaktivität 135

Tabelle 7: Unternehmensentwicklung – Auf- und Absteiger nach Rängen 147

Tabelle 8: Unternehmensentwicklung - Jahresvergleich 153

Private Mediennutzung

Nachdem Sie die Fragen in Bezug auf Ihr eigenes Kindes- und Jugendalter beantwortet haben, geht es in dem nachfolgenden Themenblock darum, wie Sie digitalen Medien heute gegenüberstehen und diese in Ihren Alltag integrieren.

Für die Beantwortung der Fragen können Sie zwischen vier verschiedenen Antwortmöglichkeiten wählen („Stimme gar nicht zu" bis „Stimme vollkommen zu"). Bitte kreuzen Sie die Antwort an, die am ehesten auf Sie zutrifft und antworten Sie intuitiv, aus dem Bauch heraus.

	Bitte wählen Sie die zutreffende Antwort für jeden Punkt aus	Stimme gar nicht zu	Stimme eher nicht zu	Stimme eher zu	Stimme vollkommen zu
56	Im Vergleich zu Freund*innen würde ich meine Medienkompetenz als hoch einschätzen.	O	O	O	O
57	Ich muss mit meinem Telefon telefonieren können und mehr nicht.	O	O	O	O
58	Bei der Nutzung digitaler Medien fühle ich mich oft überfordert.	O	O	O	O
59	Ich stehe dem Konsum von digitalen Medien eher kritisch gegenüber.	O	O	O	O
60	Ich nutze digitale Medien nur, wenn ich keine andere Wahl habe.	O	O	O	O
61	Für Technikfragen bin ich für Freunde und Familie der/die erste Ansprechpartner*in.	O	O	O	O
62	Es ist mir wichtig, die technischen Möglichkeiten meiner Geräte voll auszuschöpfen.	O	O	O	O
63	Es kommt schon einmal vor, dass ich ein und dasselbe Passwort mehrfach verwende.	O	O	O	O
64	Ich nutze mein Smartphone zugegebenermaßen oft auch nur, um damit rumzuspielen.	O	O	O	O
65	Ich würde mich selbst als Person beschreiben, die sich von digitalen Medien schnell ablenken lässt.	O	O	O	O
66	Ich verbringe sehr viel Zeit mit technischen Geräten.	O	O	O	O
67	Ich verwende niemals gleiche Passwörter	O	O	O	O
68	Bei einer technischen Neuanschaffung probiere ich das Gerät erst einmal sehr intensiv aus.	O	O	O	O
69	Im Vergleich zu anderen denke ich, dass ich eher wenig Ahnung von Technik habe.	O	O	O	O
70	Manchmal sitze ich länger vor dem Fernseher oder anderen Streaming-Anwendungen, als ich es ursprünglich wollte.	O	O	O	O
71	Ich denke, dass ich mir in meinem Leben sehr viel technisches Wissen angeeignet habe.	O	O	O	O

III. Modul I – Reflexionsmaterialien

Mediennutzung und Elternschaft

In dem abschließenden, letzten Teil werden Ihnen Fragen zu verschiedenen Themenbereichen rund um die Elternschaft Ihrer Einrichtung gestellt.

Für die Beantwortung der Fragen können Sie zwischen vier verschiedenen Antwortmöglichkeiten wählen („Stimme gar nicht zu" bis „Stimme vollkommen zu"). Bitte kreuzen Sie die Antwort an, die am ehesten auf Sie zutrifft und antworten Sie intuitiv, aus dem Bauch heraus.

	Bitte wählen Sie die zutreffende Antwort für jeden Punkt aus	Stimme gar nicht zu	Stimme eher nicht zu	Stimme eher zu	Stimme vollkommen zu
113	Unsere Eltern werden gut darüber informiert, was ihre Kinder in der Kita lernen.	○	○	○	○
114	Ich finde, dass viele Kinder zu Hause etwas zu viel Fernsehen gucken.	○	○	○	○
115	Unsere Elternschaft befürwortet es insgesamt, dass Kinder schon frühzeitig einen angemessenen Umgang mit digitalen Medien erlernen.	○	○	○	○
116	Viele unserer Eltern wissen gut darüber Bescheid, welche digitalen Medien in der Kita eingesetzt werden.	○	○	○	○
117	Ich glaube, die meisten unserer Eltern sind der Meinung, dass durch den frühzeitigen Einsatz digitaler Medien der soziale Umgang der Kinder untereinander leidet.	○	○	○	○
118	Ich denke, in vielen Familien unserer Elternschaft kommt es beim gemeinsamen Abendessen zu Hause schon mal vor, dass der Fernseher nebenbei läuft.	○	○	○	○
119	Ich würde den größten Teil unserer Elternschaft als technikbegeistert bezeichnen.	○	○	○	○
120	Ich glaube, dass es viele unserer Eltern sehr entspannend finden, wenn sich ihr Kind auch mal allein eine Serie oder einen Film anguckt.	○	○	○	○
121	Ich glaube, dass die Eltern unserer Einrichtung überwiegend der Meinung sind, dass kindgerechte Lernvideos die pädagogische Arbeit bereichern.	○	○	○	○
122	Ich finde es gut, wie die Eltern in der Kita mit einbezogen werden.	○	○	○	○
123	Ich denke, dass die Mehrheit unserer Elternschaft der Meinung ist, dass Geräte wie Smartphones und Tablets Kindern mehr schaden als nutzen.	○	○	○	○
124	Viele Kinder unserer Einrichtung spielen zu Hause mehr mit digitalen Medien als sie eigentlich sollten.	○	○	○	○

Anhang 3 – Beschreibung der Fragebogenskalen

Die nachfolgende Übersicht gibt Auskunft darüber, welche der im Fragebogen enthaltenen Fragen welchen Skalen zugeordnet werden.

Skalen und Fragenzuordnung

Private Medienaktivität
Skala 1: Konsumierende Mediennutzung [KonsMedNutz_MW]
03 | 07 | 12 | 14 | 16
Skala 2: Medienunabhängige Freizeitgestaltung [Medunab_FrGest_MW]
02 | 06 | 08 | 10 | 11 | 13
Skala 3: Produzierende und rezipierende Mediennutzung [ProdRez_MedNutz_MW]
01 | 04 | 05 | 09 | 15
Medienaktivität im Beruf
Skala 4: Nutzung digitaler Medien [NutzungDM_MW]
21 | 22 | 23 | 24 | 26 | 28 | 30 | 31 | 33 | 34
Skala 5: Konventionelle Gestaltung der pädagogischen Arbeit [PaedArbKonv_MW]
17 | 18 | 19 | 20 | 25 | 27 | 29 | 32 | 35
Bezug zur eigenen Kindheit
Skala 6: Relevanz und Präsenz digitaler Medien in der Kindheit und Jugend [RelUPr_MW]
36 | 38i | 39i | 40 | 41i | 42 | 45 | 47 | 48 | 55
Skala 7: Bedeutung von Büchern [BedvBuech_MW]
37 | 43 | 44i
Skala 8: Romantisierung der eigenen Kindheit [RomKind_MW]
46 | 49 | 50 | 51 | 52 | 53 | 54
Private Mediennutzung
Skala 9: Technikaffinität und Technikinteresse [TaffTint_MW]
56 | 61 | 62 | 68 | 69i | 71
Skala 10: Vereinnahmung durch digitale Medien [VerDM_MW]
64 | 65 | 66 | 70
Skala 11: Pragmatismus und kritische Haltung [PragKrit_MW]
57 | 58 | 59 | 60
Skala 12: Sicherheitsbedürfnis Passwortschutz [SBuPS_MW]
63 | 67i
Digitale Medien im pädagogischen Alltag
Skala 13: Medienbildung als Bildungsauftrag [MbBilda_MW]
73 | 74 | 75 | 79 | 80 | 81 | 84 | 91 | 95
Skala 14: Auswirkungen des digitalen Medieneinsatzes [AuswDM_MW]
72 | 77 | 82 | 85 | 88 | 89 | 93 | 102 | 108 | 110 | 111
Skala 15: Selbstwirksamkeit [SW_MW]
83i | 86 | 87 | 92 | 94 | 109 | 112
Skala 16: Enthusiasmus [Ent_MW]
76 | 78 | 90 | 99 | 100 | 103 | 104 | 106
Skala 17: Angst [Ang_MW]
96 | 97 | 98 | 101 | 105 | 107

Mediennutzung und Elternschaft
Skala 18: Erwartete Mediennutzung in der Häuslichkeit [ErwMedNHaeus_MW]
114 | 118 | 120 | 124
Skala 19: Erwartete Auswirkungen digitaler Medien [ErwAusw_MW]
117 | 123
Skala 20: Information und Mitbestimmung [InfMB_MW]
113 | 116 | 122
Skala 21: Befürwortung und Technikaffinität der Elternschaft [BefuTechAElt_MW]
115 | 119 | 121

Zur Verdeutlichung, welche Skalen genau im Selbstreflexionsfragebogen enthalten sind und welche Inhalte durch den Selbstreflexionsfragebogen erfasst werden, erfolgt nachfolgend die Kurzbeschreibung der Fragebogenskalen.

Private Medienaktivität

Skala 1: Konsumierende Mediennutzung

Die Skala 1 beschreibt den Konsum von digitalen Medien in der Freizeit. Eine hohe Merkmalsausprägung weist darauf hin, dass privat eher eine konsumierende Medienanwendung erfolgt. Hierzu gehört zum einen, dass sich Personen in ihrer Freizeit gerne Serien oder Filme ansehen, aber zum anderen auch die aktive und vielfältige Nutzung sozialer Medien. Dabei werden diese nicht nur genutzt, um selbst darin aktive Beiträge zu posten, sondern vorrangig auch um sich Beiträge anderer anzusehen und über die sozialen Medien miteinander im gegenseitigen Austausch zu bleiben. Darüber hinaus fällt hierunter das Online-Shopping.

Skala 2: Medienunabhängige Freizeitgestaltung

Unter der Skala 2 werden all jene Aktivitäten gefasst, bei denen selbst keine digitalen Medien aktiv genutzt oder benötigt werden. Hierzu zählen Freizeitaktivitäten, bei denen es um das (gemeinsame) Ausgehen und Erleben im sozialen Kontext geht, bspw. durch den Besuch von Bars, Kneipen und/oder dem Restaurant, Kino- und/oder Theaterbesuche, Treffen mit Freund*innen und Bekannten, Konzerte oder Musik-Festival-Besuche oder das Feiern auf Partys. Auch wenn bei manchen dieser Aktivitäten (wie dem Kino-Besuch) elektronische und digitale Medien beteiligt sind, werden diese in diese Skala aufgenommen, da der soziale Aspekt im Vordergrund steht und nicht eine eigenaktive Mediennutzung.

Skala 3: Produzierende und rezipierende Mediennutzung

Die Skala 3 umfasst die produzierende und rezipierende Mediennutzung. Hierunter wird verstanden, dass Personen mit einer hohen Merkmalsausprägung digitale Medien sehr häufig und auf vielfältige Art und Weise dafür nutzen, um sich entweder selbst Wissen anzueignen und/oder um selbst aktiv Inhalte mithilfe digitaler Medien zu produzieren. Der Wissenserwerb erfolgt hierbei durch die vielfältige Nutzung von verschiedenen Medien. Neben der Internetrecherche zum Wissenserwerb und dem Lesen von Fachliteratur, um sich selbst fort- und weiterzubilden, zählen dazu auch Reportagen und Dokumentationen. Darüber hinaus fällt in diese Skala auch die aktive Nutzung anwendungsbezogener Softwares (bspw. die Nutzung von Textverarbeitungsprogrammen, Bild- und Videoverarbeitungsprogrammen und anderen Programmen), um selbst Inhalte zu produzieren.

Medienaktivität im Beruf

Skala 4: Nutzung digitaler Medien

Diese Skala 4 umfasst die persönliche Präferenz, digitale Medien in die eigene pädagogische Arbeit einzubeziehen. Eine hohe Merkmalsausprägung zeichnet sich durch eine vielfältige Nutzung von digitalen Medien im Beruf aus. Hierzu gehören unter anderem der Einsatz von Lehr- und Lernvideos sowie die Nutzung von digitalen Medien wie Tablets und Computer, um unter anderem Zeichnungen zu erstellen und/oder darüber elektronische Zeitschriften und Bücher zu lesen. Darüber hinaus werden unter anderem auch Streamingdienste in der pädagogischen Arbeit genutzt bis hin zur eigenen Gestaltung von Hörspielen und Musik. Auch das Drehen und Bearbeiten von Videos oder die Nutzung von programmierbaren Spielzeugen und Spielen an Tablets oder Computern werden hierbei mit einbezogen.

Skala 5: Konventionelle Gestaltung der pädagogischen Arbeit

Mithilfe der Skala 5 soll ermittelt werden, inwiefern eine Person im Gegensatz zur Skala 4 auf analoge und nicht internet-basierte Beschäftigungsmöglichkeiten im Rahmen der pädagogischen Tätigkeit zurückgreift. Für die Gestaltung pädagogischer Angebote werden hierbei unter anderem dem Besuch von Spielplätzen und dem gemeinsamen Singen und Musizieren mit den Kindern ein hoher Stellenwert beigemessen. Zudem bevorzugen Personen mit einer hohen Merkmalsausprägung im Rahmen der pädagogischen Arbeit eher das Basteln mit Naturmaterialien und/oder das gemeinsame Malen durch Nutzung von Stift und Papier anstatt ein Tablet dafür zu verwenden. Auch physisch vorliegende Zeitschriften und Bücher bspw. zum Vorlesen von Geschichten, aber auch zur Wissensvermittlung werden bei einer hohen Merkmalsausprägung vielfältig und gerne genutzt. Darüber hinaus können auch Gesellschafts-, Brett- und Kartenspielen zu den gerne genutzten Materialien zählen. Das einzige elektronische Medium in dieser Skala ist die Nutzung von CDs. Dies kann dadurch begründet werden, da sich im Rahmen der im Projekt DiKit erhobenen Daten zeigte, dass selbst pädagogische Fachkräfte, die ihren pädagogischen Alltag bevorzugt ohne den Einbezug digitaler Medien gestalten, dennoch CDs zu nutzen scheinen.

Bezug zur eigenen Kindheit

Skala 6: Relevanz und Präsenz digitaler Medien in Kindheit und Jugend

Die Fragen der Skala 6 erfassen die Relevanz und Präsenz digitaler Medien in der eigenen Kindheit und Jugend. Eine hohe Merkmalsausprägung deutet darauf hin, dass digitale Medien bereits in der eigenen Kindheit einen hohen Stellenwert hatten und teilweise bereits durch das eigene soziale Umfeld (bspw. durch die eigenen Eltern) stark gefördert wurden. Digitale Medien wurden hier wahrscheinlich häufig und gerne genutzt und der Umgang mit diesen überwiegend als positiv erlebt. Bei Personen, die eine vergleichsweise geringe Merkmalsausprägung zeigen, war die Verfügbarkeit digitaler Medien stark limitiert. Die Gründe hierfür können jedoch sehr vielfältig und unterschiedlich sein. Zum einen kann dies dadurch bedingt sein, dass eine Person die eigene Kindheit und Jugend zu einer Zeit verbracht hat, in der es für den häuslichen Gebrauch wenige bis gar keine digitalen Medien gab. Zum anderen kann die eigene Mediennutzung aber möglicherweise auch dadurch eingeschränkt gewesen sein, dass die Eltern diese stark begrenzt haben – unabhängig davon, ob wenig finanzielle Mittel zur Verfügung standen oder sie selbst nur einen geringen Bezug zu diesen hatten bzw. ihnen negativ gegenüberstanden.

Skala 7: Bedeutung von Büchern

Die Skala 7 erfasst die Bedeutung von Büchern in der eigenen Kindheit und Jugend. Folglich ist eine hohe Merkmalsausprägung dadurch gekennzeichnet, dass diese Personen selbst viele Bücher gelesen haben und diese einen entsprechend hohen Stellenwert im eigenen Erleben einnahmen. Personen mit einer sehr geringen Merkmalsausprägung bedauern zudem aus heutiger Perspektive möglicherweise, dass sie früher eher wenig gelesen haben.

Skala 8: Romantisierung der eigenen Kindheit

Die Skala 8, die letzte aus dem Bereich Kindheit und Jugend, erhebt das eigene Erleben hinsichtlich der Relevanz digitaler Medien in der eigenen Kindheit und Jugend und stellt einen Bezugsrahmen zur heutigen Sicht auf den Unterschied zwischen Vergangenheit und Gegenwart her. Dabei erleben und betrachten Personen mit einer hohen Merkmalsausprägung die Themenfelder Natur und digitale Medien als konträre Räume. Das bedeutet, dass sie die Abwesenheit digitaler Medien bzw. deutlich begrenzteren Möglichkeiten mit diesen in der eigenen Kindheit und Jugend retrospektiv als positiv wahrnehmen. Zeitgleich eröffnen sie aber auch den Bezugsrahmen, dass das Aufwachsen und vor allem das Erleben der Natur der derzeitig heranwachsenden Kinder häufig durch die Nutzung und das Vorhandensein digitaler Medien negativ beeinflusst wird. Somit wird unter anderem ein Zusammenhang dahingehend hergestellt, Kinder seien früher kreativer und deutlich häufiger in der Natur gewesen als heutzutage, weil sie weniger elektronische und digitales Medien zur Verfügung hatten. Dies könnte auch dazu führen, dass man digitalen Medien heute tendenziell eher ablehnend gegenübersteht und froh darüber ist, dass es früher weniger digitale Medien gab.

Private Mediennutzung

Skala 9: Technikaffinität und Technikinteresse

In dem nachfolgenden Bereich der privaten Mediennutzung geht es in der Skala 9 vorrangig um die subjektiv wahrgenommene Technikaffinität sowie das Technikinteresse. Mithilfe der Skala kann erhoben werden, ob und wie viel technisches Wissen sich eine Person im Rahmen der eigenen Bildungsbiografie angeeignet hat. Entsprechend erleben sich Personen mit einer hohen Merkmalsausprägung eher als technikaffin und kompetent im Umgang mit digitalen Medien. Sie sind eher diejenigen, die Freund*innen und Bekannten im Falle technischer Probleme unterstützend und beratend helfen können, als gegenteilig selbst auf Hilfe und Unterstützung anderer angewiesen zu sein. Zudem neigen sie dazu, neue Geräte intensiv auszuprobieren und deren technisches Potenzial möglichst umfänglich auszuschöpfen.

Skala 10: Vereinnahmung durch digitale Medien

In dieser Skala wird das Ausmaß der Vereinnahmung durch digitale Medien ermittelt. Bei einer hohen Merkmalsausprägung neigen Personen eher dazu, sich von digitalen Medien ablenken zu lassen, sowohl in Sinne von aktiven Anwendungen wie Spielen als auch gemäß der eher passiven Verwendung wie Fernsehen. Ein weiteres Kennzeichen der Vereinnahmung ist, dass Personen mit einer höheren Merkmalsausprägung eher dazu tendieren, mehr Zeit mit digitalen Medien zu verbringen, als sie ursprünglich geplant hatten.

Skala 11: Pragmatismus und kritische Haltung

Der Pragmatismus, den die Skala 11 erfasst, zeichnet sich dadurch aus, dass digitale Medien nur dann genutzt werden, wenn wirklich eine Notwendigkeit darin gesehen wird, bspw. um jemanden telefonisch zu erreichen. Zudem tendieren Personen mit einer hohen Merkmalsausprägung dazu, den Gebrauch digitaler Medien eher kritisch zu betrachten. Darüber hinaus fühlen sie sich oft eher überfordert, wenn sie gezwungen sind, digitale Medien zu nutzen. Vorrangig wird zudem die Funktion eines Endgerätes auf das Wesentliche beschränkt. Demgemäß würden Personen mit einer hohen Merkmalsprägung eher weniger dazu neigen, ein Smartphone vollumfänglich zu nutzen (z. B. zum Telefonieren, Schreiben, Aufnehmen und Wiedergeben von Bild und Ton, zu Internetrecherchen, für Zahlungsabwicklungen, als Wallet, als Navigationssystem usw.). Vielmehr muss ein Telefon lediglich dafür da sein, um damit telefonieren zu können.

Skala 12: Sicherheitsbedürfnis Passwortschutz/Onlinesicherheitsbedürfnis

Die Kurzskala 12 besteht lediglich aus zwei Fragen. Diese erfasst das Sicherheitsbedürfnis bei Passwörtern. Bei einer hohen Merkmalsausprägung wird angegeben, Passwörter für verschiedene Bereiche niemals doppelt zu vergeben. Personen mit einer niedrigen Ausprägung achten entsprechend weniger darauf, unterschiedliche Passwörter zu verwenden, um die Sicherheit zu erhöhen.

Mediennutzung im Pädagogischen Alltag

Skala 13: Medienbildung als Bildungsauftrag

Weggehend von der privaten Mediennutzung widmen sich die nachfolgenden Skalen den Haltungen und Einstellungen im Rahmen der pädagogischen Arbeit. So erfasst die Skala 13, inwieweit eine Fachkraft selbst die digitale Medienbildung als Teil ihres Bildungsauftrags versteht. Es wird dabei ermittelt, inwieweit die Nutzung digitaler Medien als Bildungsauftrag für die Kinder verstanden wird sowie ob dies den individuellen beruflichen Werten und dem Selbstverständnis der pädagogischen Fachkraft entspricht. Bei einer hohen Merkmalsausprägung wird die Vermittlung von Medienkompetenz als wichtiger Bestandteil und Bildungsauftrag innerhalb der Kitaarbeit verstanden. Da digitale Medien heutzutage bereits im Kleinkindalter in allen Lebensbereichen auffindbar sind, wird im Rahmen der pädagogischen Arbeit die Chance gesehen, einen behutsamen Umgang mit diesen zu fördern und für alle Kinder gleiche Lern- und Wissensvoraussetzungen, auch in Vorbereitung auf den Übergang zur Schule, zu schaffen. Eine niedrige Merkmalsausprägung geht mit der Tendenz einher, digitale Medien aus dem Kitaalltag eher auszuschließen und den Sozialraum Kita entsprechend als *medialen Schonraum* zu verstehen.

Skala 14: Auswirkungen des digitalen Medieneinsatzes

Mithilfe der Skala 14 können befürchtete negative Begleiterscheinungen für die kindliche Entwicklung erhoben werden, wenn für das subjektive Empfinden einer pädagogischen Fachkraft zu früh Berührungspunkte mit digitalen Medien geschaffen werden. Bei einer hohen Merkmalsausprägung besteht unter anderem die Befürchtung, dass Kinder insbesondere durch den Einsatz digitaler Medien die Wichtigkeit des Kontaktes zu Freund*innen und Familie verlernen und zwischenmenschliche Beziehungen darunter leiden. Entsprechend besteht die subjektive Überzeugung, dass sich digitale Medien sowohl auf sozialer als auch auf emotionaler Entwicklungsebene negativ auswirken. Zudem würden Kinder durch den frühzeitigen Einsatz wie bspw. die Nutzung von Suchmaschinen, die Bedeutung von Büchern und der Wissensaneignung über diese tendenziell eher verlernen. Neben den

Erwartungen, dass sich der Einsatz digitaler Medien negativ auf der Kindesebene auswirken könnte, besteht darüber hinaus aber auch die Befürchtung und Erwartung, dass pädagogische Angebote mit digitalen Medien in der Praxis zu viel Zeit und deutlich mehr Aufmerksamkeit seitens der Fachkräfte beanspruchen würden. Gerade in größeren Gruppen wird es eher als schwierig erachtet, einen rücksichtsvollen Umgang zu wahren. Daher gilt für Personen mit einer hohen Merkmalsausprägung, dass sie den Einsatz digitaler Medien in der Kita als keine wünschenswerte Praxis einschätzen, Kinder in Einrichtungen ohne den Bezug zu digitalen Medien tendenziell eher besser aufgehoben sehen und meinen, für sie sollten digitale Medien bis zum Schuleintritt noch keine Rolle spielen. Personen mit einer geringen Merkmalsausprägung hingegen sehen weder in der pädagogischen Begleitung noch hinsichtlich negativer Auswirkungen und Konsequenzen Gründe dafür, den proaktiven Medieneinsatz nicht zu fördern.

Skala 15: Selbstwirksamkeit

Die Skala 15 erfasst das Ausmaß des Selbstwirksamkeitserlebens im Umgang mit digitalen Medien. Bei einer hohen Merkmalsausprägung fühlt sich die Fachkraft kompetent im Umgang mit technischen Problemen, sodass diese meist aus eigener Kraft gut gelöst und bewältigt werden können. Pädagogische Fachkräfte, die sich auf ihre Fähigkeiten verlassen und diesen vertrauen können, fühlen sich in der Regel gut darauf vorbereitet, Kindern digitale Medien näher zu bringen und beim Lernen diese kompetent begleiten zu können. Bei einer niedrigen Merkmalsausprägung erleben sich pädagogische Fachkräfte eher so, dass sie selbst auf Unterstützung im Umgang mit digitalen Medien angewiesen sind. Daher empfinden sie es häufig als erleichternd, wenn sie im Fall von Fragen zu technischen Belangen auf Kolleg*innen verweisen oder sich selbst Unterstützung holen können.

Skala 16: Enthusiasmus

Mithilfe der Skala 16 soll das Ausmaß ermittelt werden, mit dem eine pädagogische Fachkraft bei der Nutzung digitaler Medien Freude empfindet und motiviert dafür ist, diese aktiv im beruflichen Alltag zu integrieren. Personen mit einer hohen Merkmalsausprägung setzen digitale Medien bewusst und gerne, auch kreativ, im Rahmen ihrer pädagogischen Arbeit ein, um das Interesse und die Begeisterung im Umgang mit diesen zu fördern. Zudem steht eine hohe Merkmalsausprägung für eine proaktive Förderung digitaler Medienbildung im eigenen Kita-Alltag. Dabei fühlt sich die Fachkraft häufig wegen ihres eigenen Medieninteresses und Kompetenzerlebens mit dem Einbezug digitaler Medien wohl. Darüber hinaus nutzen Personen mit einer hohen Merkmalsausprägung digitale Medien gerne auch dafür, pädagogische Angebote vorzubereiten und sehen darin viele Vorteile, bspw. Zeitersparnis. Eine niedrige Merkmalsausprägung zeichnet sich eher durch Unbehagen im Umgang mit digitalen Medien aus, wodurch der Einsatz digitaler Medien häufig gemieden wird, sofern dieser nicht zwingend erforderlich ist.

Skala 17: Angst

Die Skala 17 zielt auf Schwierigkeiten und Ängste im Umgang mit digitalen Medien ab. Eine hohe Merkmalsausprägung steht dafür, dass Schwierigkeiten beim Umgang mit digitalen Medien bestehen und sich Personen durch den Einsatz eher gestresst und überfordert fühlen. Dies zeichnet sich unter anderem dadurch aus, dass pädagogische Fachkräfte beim Einsatz digitaler Medien sowie bei technischen Fragen das Gefühl von innerlicher Unruhe und Nervosität verspüren und Erleichterung dann eintritt, wenn sie im Rahmen ihrer pädagogischen Tätigkeiten keine Fragen zu digitalen Medien beantworten müssen. Durch technische Neuerungen erleben sie den Einstieg zu digitalen Medien zunehmend erschwert. Im Gegensatz dazu bedeutet eine geringe Merkmalsausprägung, dass pädagogische Fachkräfte überdurchschnittlich wenig Befürchtungen und Ängste im Umgang mit digitalen Medien verspüren. Auch in dieser Skala sollte das gemessene Merkmal stets vor dem Hintergrund anderer Merkmalsausprägungen betrachtet und reflexiv eingeordnet werden, da die Gründe sowohl für hohe als auch geringe Merkmalsausprägungen sehr vielfältig sein können. Eine Person kann bspw. überdurchschnittlich ängstlich sein, weil sie einen hohen Qualitätsanspruch an ihre eigene pädagogische Arbeit erhebt und nicht zwangsläufig, weil sie über wenig eigene Berührungspunkte und Wissen verfügt. Möglicherweise führen aber auch einzeln ausgewählte Aspekte zu Ängsten, wie bspw. die Unsicherheit hinsichtlich datenschutzrelevanter Aspekte und damit zusammenhängender Verstöße. Daher ist es wichtig, den Bezugsrahmen in der weiterführenden reflexiven Arbeit inhaltlich genauer zu explorieren, um nicht fälschlicherweise von fehlenden Kenntnissen auszugehen, obwohl diese gar nicht der Ängstlichkeit zugrunde liegen.

Mediennutzung und Elternschaft

In dem abschließenden Bereich der Mediennutzung und Elternschaft versuchen Fachkräfte die Elternschaft der eigenen Einrichtung einzuschätzen und beantworten die Fragen als Fremdbeurteilung (subjektive Beurteilung der Perspektive der Elternschaft). Bei den Skalen handelt es sich um Kurzskalen, die tendenziell eher im Kontext der ergänzenden Elternbefragung interpretiert und eingeordnet werden sollten.

Skala 18: Erwartete Mediennutzung in der Häuslichkeit

Die Skala 18 erfasst die Erwartungen der Fachkräfte dahingehend, wie viel Mediennutzung im familiären Umfeld der Kinder stattfindet. Bei einer hohen Merkmalsausprägung wird davon ausgegangen, dass die Kinder zu Hause nach Einschätzung der Fachkraft zu viel fernsehen und mehr mit digitalen Medien spielen als sie eigentlich sollten. Zudem wird davon ausgegangen, dass ihrer Beurteilung nach beim gemeinsamen Essen häufiger der Fernseher nebenbei läuft und die Eltern es eher als entspannend erleben, wenn sich ihre Kinder alleine einen Film oder eine Serie anschauen. Bei einer niedrigen Merkmalsausprägung wird von keiner übermäßigen Nutzung digitaler Medien zu Hause ausgegangen. Im Rahmen der Interpretation könnte es hilfreich sein, den erwarteten Mediengebrauch im häuslichen Umfeld mit den eigenen Erfahrungen und Erlebnissen abzugleichen, da die eigene Biografie einen Einfluss auf diese Einschätzungen haben kann.

Skala 19: Erwartete Auswirkungen digitaler Medien

In Anlehnung an die Skala 14 wird in dieser Skala 19 die Meinung der Fachkräfte darüber erfasst, wie sie die Elternschaft ihrer Einrichtung hinsichtlich möglicher Auswirkungen durch den Einsatz digitaler Medien einschätzen. Bei einer hohen Merkmalsausprägung wird eher davon ausgegangen, die Elternschaft sei überwiegend der Meinung, dass der frühzeitige Kontakt zu digitalen Medien zu Problemen im sozialen Umgang führt. Zudem wird davon ausgegangen, die Elternschaft vermute, dass Geräte wie Smartphones und Tablets Kindern eher Schaden als Nutzen bringen. Bei einer niedrigen Merkmalsausprägung schätzen Fachkräfte die Elternschaft tendenziell eher so ein, dass sie wenig bis keine Zusammenhänge zwischen dem Einsatz digitaler Medien und potenziellen negativen Auswirkungen auf die Kindesentwicklung vermuten.

III. Modul I – Reflexionsmaterialien

Skala 20: Information und Mitbestimmung

In der Skala 20 geht es vorrangig um die Information und Mitbestimmung der Elternschaft, also wie gut sie aus subjektiver Perspektive in die pädagogische Arbeit eingebunden und integriert werden. Bei einer hohen Merkmalsausprägung besteht die Annahme, dass sich die Elternschaft gut darüber informiert fühlt, was ihr Kind in der Kita lernt und welche digitalen Medien in der Kita eingesetzt werden. Zudem glauben Personen mit hoher Merkmalsausprägung, dass sich die Elternschaft gut im Kita-Kontext einbezogen fühlt. Bei einer niedrigen Merkmalsausprägung besteht eher der subjektive Eindruck, dass sich die Elternschaft nicht immer gut darüber informiert fühlt, was die Kinder lernen und welche digitalen Medien dabei zum Einsatz kommen und sich die Elternschaft eher wenig in den Kita-Alltag einbezogen fühlt.

Skala 21: Befürwortung und Technikaffinität der Elternschaft

Im Rahmen der Skala 21 wird aus Sicht der Fachkräfte versucht einzuschätzen, wie technikaffin die eigene Elternschaft ist bzw. ob diese dem Einsatz digitaler Medien eher befürwortend oder ablehnend gegenübersteht. Eine hohe Merkmalsausprägung deutet darauf hin, dass der überwiegende Teil der Elternschaft selbst als technikbegeistert wahrgenommen wird und einen frühzeitigen angemessenen Umgang mit digitalen Medien eher befürwortet. Bei einer niedrigen Merkmalsausprägung wird davon ausgegangen, dass die Elternschaft den frühen Umgang mit digitalen Medien eher weniger befürwortet, selbst wenig technikbegeistert erscheint und nicht unbedingt von einem Mehrwert, bspw. durch den Einsatz von kindgerechten Lernvideos im Rahmen der pädagogischen Arbeit, ausgeht.

Anhang 4 – Elternfragebogen

Liebe Eltern, liebe Erziehungs- und Sorgeberechtigte,

zunächst möchten wir Ihnen herzlich für die Bereitschaft Ihrer Teilnahme danken. Mithilfe des nachfolgenden Kurzfragebogens möchten wir gerne ein allgemeines Bild darüber gewinnen, ob und wie wichtig Ihnen der Einsatz digitaler Medien in unserer Kita ist. Das angestrebte Ziel dieser Erhebung besteht darin, erste Erkenntnisse darüber zu gewinnen, ob sich Ihre Vorstellungen, Wünsche und Bedürfnisse auch in unserer pädagogischen Arbeit wiederfinden lassen.

Bei der Erhebung handelt es sich um eine anonyme Befragung. Das bedeutet, dass im Anschluss keine Informationen geteilt werden, die Rückschlüsse auf Ihre Person ermöglichen. Bitte kreuzen Sie jeweils nur eine Antwort an und antworten Sie intuitiv (aus dem Bauch heraus). Wichtig zu erwähnen hierbei ist, dass es um Ihre Meinung geht und es daher keine richtigen oder falschen Antworten gibt.

Die Bearbeitungszeit für den Fragebogen beträgt circa 3 bis 5 Minuten.

Welches Geschlecht haben Sie?
- ○ männlich
- ○ weiblich
- ○ divers

Wie alt sind Sie?
- ○ unter 18 Jahre alt
- ○ zwischen 18 und 29 Jahre alt
- ○ zwischen 30 und 39 Jahre alt
- ○ zwischen 40 und 49 Jahre alt
- ○ zwischen 50 und 59 Jahre alt
- ○ älter als 59 Jahre alt

Nachfolgend finden Sie ein paar Fragen zum Themenschwerpunkt digitale Medien in der Kita. Einige Fragen beziehen sich auf die Mediennutzung in der Kita, ein paar Fragen zielen darauf ab, welchen medialen Umgang Sie zu Hause pflegen. Damit möchten wir herausfinden, ob Ihre Erwartungen mit denen der Fachkräfte gleich sind oder nicht. Jede Frage kann mithilfe der 4-stufigen Antwortskala (von „Stimme gar nicht zu" bis „Stimme vollkommen zu") beantwortet werden. Bitte kreuzen Sie die Antwort an, die für Sie am ehesten zutrifft. Bitte beachten Sie bei der Beantwortung der Fragen, dass sich diese ausschließlich auf Ihr/e Kind/er beziehen, welche/s aktuell in der Kita betreut wird/werden.

III. Modul I – Reflexionsmaterialien

	Bitte wählen Sie die zutreffende Antwort für jeden Punkt aus	stimme gar nicht zu	stimme eher nicht zu	stimme eher zu	stimme vollkommen zu
1	Ich fühle mich gut darüber informiert, was mein Kind in der Kita lernt.	○	○	○	○
2	Ich finde, dass mein Kind zu Hause etwas zu viel Fernsehen guckt.	○	○	○	○
3	Kinder sollten schon frühzeitig einen angemessenen Umgang mit digitalen Medien lernen.	○	○	○	○
4	Ich weiß gut darüber Bescheid, welche digitalen Medien in der Kita eingesetzt werden.	○	○	○	○
5	Der soziale Umgang der Kinder leidet unter dem Einsatz digitaler Medien.	○	○	○	○
6	Beim gemeinsamen Abendessen kommt es zu Hause schon mal vor, dass der Fernseher nebenbei läuft.	○	○	○	○
7	Ich kann mich für Technik sehr begeistern.	○	○	○	○
8	Manchmal finde ich es sehr entspannend, wenn sich mein Kind auch mal allein eine Serie oder einen Film anguckt.	○	○	○	○
9	Ich glaube, dass kindgerechte Lernvideos die pädagogische Arbeit bereichern.	○	○	○	○
10	Wir Eltern werden in der Kita gut einbezogen.	○	○	○	○
11	Ich finde Geräte wie Smartphones und Tablets Kindern mehr schaden als nutzen.	○	○	○	○
12	Mein Kind spielt zu Hause mehr mit digitalen Medien als es eigentlich sollte.	○	○	○	○

Vielen herzlichen Dank für die Beantwortung des Fragebogens!

Anhang 5 – Instrument zur Erhebung der Kinderperspektive auf (digitale) Medien

PHASE 1 – Leitfaden Kita-Rundgang

Zusammenkommen in der Kita – nach Möglichkeit Sammeln der Kinder an einem zentralen Ort (jede Gruppe einzeln)

Wir wollen uns heute mal gemeinsam die Kita anschauen. Ich möchte nämlich mal wissen, wo ihr euch in der Kita gerne aufhaltet, was ihr an den einzelnen Plätzen so macht und welches Spielzeug ihr gerne benutzt. Dazu gehe ich mit euch gemeinsam durch die Räume und ihr erzählt mir etwas dazu. Ich mache auch ein paar Fotos von den Dingen, die ihr mir zeigt. Ich werde unseren gemeinsamen Rundgang aufnehmen, damit ich mich später daran erinnern kann. Seid ihr damit einverstanden? Habt ihr Lust auf den Rundgang? (Zustimmung abwarten)

Rundgang beginnen

Die Kinder gehen voran, die Fachkraft lässt sich von den Kindern durch die Kita führen und lässt sich darauf ein, was die Kinder ihr zeigen möchten. Dabei stellt sie erzählgenerierende Fragen, die den Kindern ermöglichen, alles für sie Bedeutsame zum Ausdruck zu bringen.

Dann dürft ihr jetzt vorangehen und ich folge euch. Ihr könnt mir gern auch richtig viel erzählen, alles, was euch einfällt.

Fragen für den Rundgang
1. Den Raum festlegen:
    - *In welchen Raum wollt ihr denn zuerst gehen?*

Hineingehen

2. Nach den Aktivitäten in diesem Raum fragen:
    - *Was macht ihr hier? Wo haltet ihr euch hier auf?*

3. Nach Spielzeugen fragen:
    - *Womit spielt ihr hier? Was ist denn euer Lieblingsspielzeug?*

Wenn Medien gezeigt werden, weiter bei Fragenblock 5. Von den gezeigten Gegenständen, Spielen oder Spielzeugen ein Foto machen.

4. Nach Medien fragen, falls sie noch nicht gezeigt wurden:
    - *Ihr habt doch auch Bücher. Welche davon guckt ihr euch an?*
    - *Wie ist das mit Musik? Welche hört ihr denn gern?*
    - *Gibt es noch anderes zum Anhören oder Angucken, was ihr benutzt?*

5. Wenn Medien sowohl analog als auch digital gezeigt werden – Fragen zu den spezifischen Medien stellen:
   - *Davon machen wir mal ein Foto.*
   - *Was macht ihr damit so?*
   - *Wann benutzt ihr das hier? Wie ist das so?*
   - *Habt ihr das auch schon mal woanders außer in der Kita gespielt? Wo? Wie war das so?*
   - *Was macht dir damit besonders Spaß? Warum?*
   - *Was gefällt dir nicht so gut daran? Warum?*

6. Nächsten Raum festlegen und hingehen:
   - *An welchen Orten haltet ihr Euch sonst noch auf? Könnt ihr mir die mal zeigen? Oder: Gibt es noch mehr, was ihr mir zeigen wollt?*

Wiederholung ab Fragen 2 und so Raum für Raum durch die Kita gehen, bis die Kinder alle für sie bedeutsamen Räume zeigen konnten.

Abschluss

Mir hat es richtig viel Spaß gemacht, dass ihr mir heute mal gezeigt habt, was ihr hier gern macht. Wie war das für euch?

In den nächsten Tagen werde ich noch etwas anderes mit euch machen. Da unterhalten wir uns dann über die Sachen, die ihr mir gezeigt habt und dann habe ich auch noch ein paar Fragen an euch. Ich freu mich schon darauf!

Beim Rundgang geht es mehr darum einen Überblick zu erhalten. Was zeigen die Kinder, was ist ihnen wichtig/was ist für sie bedeutsam? Spielen Medien dabei überhaupt eine Rolle? Wenn ja, welche Medien zeigen sie uns?

PHASE 2 – Leitfaden für Kreisgespräche

Liste für das Memospiel für die Erstellung von Bildkarten

Um ein eigenes Memospiel für die Erhebung zu erstellen, benötigt man lediglich 25 Fotos verschiedener Medien und Anwendungen. Diese kann man einfach bei bekannten Drogeriediscountern als Memospiel ausdrucken lassen. Beispielsweise können folgenden 25 Motive genutzt werden. Es können aber auch andere Motive gewählt werden oder gemeinsam mit den Kindern relevante Medien fotografiert werden, um ein Memospiel selbst zu erstellen.

• Schallplattenspieler	• Zeitschriften	• Fernseher	• Smartphone	• Camcorder
• Kassettenrekorder	• Bücher	• VHS-Kassette	• Tablet	• PC/Laptop
• Festnetztelefon	• Toniebox	• CD-Player	• Kindercomputer	• Digitalkamera
• Bluetooth-Box	• Tiptoi	• DVD-Player	• Spielkonsole	• Drucker
• Smart-Speaker-Sprachassistenten (Alexa, HomePod etc.)	• Programmierbares Spielzeug	• Set-Top-Box (Apple TV, Amazon Fire TV etc.)	• Nintendo-Switch	• Screenshot bekannter Apps

Eine Auswahl an Bildkarten wird auf einem Tisch ausgelegt (3 Karten pro Person).

Erinnert ihr euch noch, als ihr mir beim letzten Mal die Kita gezeigt habt? Da habt ich mir ja auch euer Lieblingsspielzug gezeigt, das war total spannend. Heute will ich mit euch noch weiter über einige dieser Dinge sprechen, auch darüber, was davon ihr vielleicht zu Hause habt. Ich nehme das Gespräch wieder auf, damit ich mich später daran erinnern kann. Seid ihr damit einverstanden?

Einstiegsimpuls

Schaut mal, auf dem Tisch hier habe ich ein paar Bildkarten ausgelegt. Schaut euch die doch mal genau an und dann sucht ihr euch jeder mal 2 Karten aus. Dann setzen wir uns gemeinsam hin und jedes Kind erzählt mal von seinen Karten.

Die Fachkraft sucht sich ebenfalls Karten aus.

Kreisgespräch beginnen

Was hast du dir ausgesucht? Warum hast du dir das ausgesucht? (Ein Kind wird direkt angesprochen)

Die Kinder sind reihum an der Reihe. Erst wird auf die selbstläufige Erzählung des Kindes gewartet, erst dann werden die Fragen zu den Abbildungen hinzugezogen.

Fragen zu den Abbildungen:
- *Hast du das schon mal benutzt?*
- *Was hast du damit so gemacht?*
- *Wann hast du das schon mal benutzt?*
- *Wo war das? (Kita, Zuhause, Freund*innen, ...)*
  - *Wenn nicht Kita: Wie wäre es, wenn das XYZ auch in der Kita wäre? Wünschst du dir das? Wäre das toll? Warum?*
- *Was macht dir damit besonders Spaß? Warum?*
- *Was hat dir nicht so gut gefallen? Warum?*

Hat ein Kind alles erzählt, können auch die anderen Kinder etwas zu den Karten sagen, dann ist das nächste Kind an der Reihe und man beginnt von vorn.

Zum Schluss werden die eigenen Karten gezeigt.
- *Wisst ihr, was das ist?*
- *Woher kennt ihr das?*
- *Habt ihr das schon mal benutzt?*
- *Was macht ihr damit?*

III. Modul I – Reflexionsmaterialien

PHASE 3 – Klassisches Memospiel

Alle Abbildungen, die bisher noch nicht im Gespräch waren, werden genutzt. Auch von den Karten, die vorher schon auf dem Tisch zur Auswahl lagen. Nur die bereits besprochenen Karten werden aussortiert.

Schaut mal die Karten genau an. Erinnern die euch an ein Spiel? (Antwort abwarten) *Die gehören zu einem Memospiel. Kennt ihr Memo? … Genau, ein Spiel, wo es immer zwei zusammengehörende Bilder gibt, die man suchen muss. Wir können zum Abschluss gern noch eine Runde spielen. Habt ihr Lust? … Super, na dann los!*

Ein erstes Kind ist an der Reihe und deckt zwei Karten auf.
- *Wisst ihr, was das für ein Gerät ist?*
- *Was macht man damit?*
- *Habt ihr das schon mal benutzt?*
- *Wann hast du das schon mal benutzt?*
- *Wo war das? (Kita, Zuhause, Freund*innen, …)*
  - *Wenn nicht Kita: Wie wäre es, wenn das XYZ auch in der Kita wäre? Wünschst du dir das? Wäre das toll? Warum?*
- *Was macht dir damit besonders Spaß? Warum?*
- *Was hat dir nicht so gut gefallen? Warum?*

Abschluss

Das Spielen und Erzählen hat richtig viel Spaß gemacht. Euch auch? Vielen Dank, dass ihr so viel erzählt habt.

Geeigneten Abschluss finden. Übergang in die Gruppe.

Anhang 6 – Fallbeispiele

Fallbeispiel 1 – Kita Nashorn (fiktive Kita)

Eckdaten zur Kita – Bei der Kita Nashorn handelt es sich um eine kleinere Einrichtung, die sich am Rand einer Großstadt befindet. Die pädagogische Leitung der Kita hatte bereits seit einiger Zeit das Gefühl, dass einige Mitarbeiter*innen sowie Teile der Elternschaft sehr zurückhaltend bis ablehnend auf das Thema digitale Medien in der Kita reagieren. Um herauszufinden, ob sich ihr Gefühl bestätigen lässt und welche Themen für eine möglich Ablehnung verantwortlich sein könnten, wollte die pädagogische Leitung den Selbstreflexionsfragebogen bei den Fachkräften sowie den Elternfragebogen einsetzen. Zudem war es ihr Anliegen, auch die Sichtweise der Kinder einzubeziehen und die Methode zur Ermittlung der Kinderperspektive einzusetzen.

Vorgehen der Kita-Leitung – Zunächst stellte die pädagogische Leitung in einer gemeinsamen Teamsitzung ihren Kolleg*innen die Reflexionsmaterialien vor. Sie äußerte den Wunsch, sowohl den Eltern- als auch den Selbstreflexionsfragebogen in der Einrichtung selbst einzusetzen. Auch die Methode zur Ermittlung der Kinderperspektive stellte sie dem Team vor. Das Team war mit dem Vorschlag einverstanden und ein Großteil der Kolleg*innen signalisierte Interesse, den Selbstreflexionsfragebogen selbst ausfüllen zu wollen. Einzelne Kolleg*innen äußerten hingegen Bedenken und Sorgen. Die Leitung nahm sich die Zeit, die einzelnen Fachkräfte anzuhören und sie über den Sinn und Zweck des Einsatzes der Reflexionsinstrumente aufzuklären. Es stellte sich heraus, dass insbesondere Ängste dahingehend bestehen, bei dem Fragebogen „schlecht" abzuschneiden. Die Leitung sammelte alle Befürchtungen und Ängste und wog gemeinsam mit dem Team die Vor- und Nachteile des Einsatzes ab. Auf der Vorteilsseite standen exemplarisch Punkte, wie die Erfassung des Ist-Stands (wo stehen wir überhaupt im Team?) und der Austausch darüber, was überhaupt zur Ablehnung führt, um einen gemeinsamen Umgang mit digitalen Medien zu finden, bei dem sich alle Fachkräfte mit einbezogen fühlen (Partizipation). Wahrgenommene Nachteile waren neben den geäußerten Sorgen auch der zeitliche Aufwand. Nachdem alle Rückmeldungen gesammelt worden waren, ging die Leitung noch einmal explizit darauf ein, dass es bei der Beantwortung des Fragebogens kein richtig oder falsch gibt und dass es auch absolut in Ordnung ist, wenn jemand im Team große Bedenken und Ängste hinsichtlich des Themenbereiches äußert. Denn diese Dinge hätten in der Regel auch gute Gründe, die ebenso von wichtiger Bedeutung für den gemeinsamen Prozess sind. Die Bereitschaft des Teams, den Selbstreflexionsfragebogen auszufüllen, war durch den gemeinsamen Prozess sehr hoch. Dadurch erhielt die pädagogische Leitung am festgesetzten Abgabetag 10 von 12 möglichen Fragebögen zurück. Nachdem die pädagogische Leitung alle Angaben ihrer Kolleg*innen in die Excel-Tabelle eingetragen hatte, erhielt sie in dem Tabellenblatt „Auswertung des Kita-Teams" eine grafische Darstellung der Ergebnisse (Abbildung 38).

Den Eltern wurde der Kurzfragebogen in Tür- und Angelgesprächen vorgestellt und die Leitung erhielt zu einem festgesetzten Stichtag insgesamt 32 Fragebögen zurück. Auch die Elternfragebögen wurden in die Tabelle übertragen. Die Leitung erhielt dadurch die grafische Darstellung der Ergebnisse der Elternschaft (Abbildungen 41–45).

Nachdem die Kita-Leitung die Ergebnisse der Fachkräfte- und Elternbefragung ausgewertet hatte, war es ihr ein großes Bedürfnis, auch die Sichtweise der Kinder einzubeziehen. Grundlegend ist es ihr wichtig, die Wünsche, Erfahrungen, Vorlieben und Abneigungen der Kinder wahrzunehmen, um so die Perspektiven der Kinder berücksichtigen und einbeziehen zu können. Zudem ergibt sich dadurch die Möglichkeit, die Sichtweisen der Kinder mit denen der Fachkräfte und Eltern in Beziehung zu setzen. Um sich mit den Sichtweisen der Kinder auseinanderzusetzen, machte sie zunächst einen Kita-

Rundgang mit den Kindern und setzte später im Rahmen von Kreisgesprächen auch das Memo-Spiel und den dazugehörigen Leitfaden ein. Dazu wählte sie aus jeder Gruppe beliebig fünf Kinder aus, mit denen sie über die Abbildungen der Memo-Karten ins Gespräch kam.

Diese Gespräche nahm sie mit einem Diktiergerät auf, um sie anschließend auswerten zu können. Die Ergebnisse der Gespräche mit den Kindern sind ebenfalls auf den folgenden Seiten dargestellt (Tabelle 7).

In der nachfolgenden Abbildung 38 sind die Ergebnisse des Kita-Teams (aus allen 10 Fragebögen zusammengefasst) abgebildet. Schauen Sie sich bitte zunächst die Ergebnisse an und machen Sie sich mit der Abbildung vertraut. Bitte markieren Sie anschließend alle Werte, die für Sie einen besonderen Ausschlag aufweisen und versuchen Sie erste Rückschlüsse für das Kita-Team abzuleiten. Die folgenden Fragen können Ihnen bei der Beantwortung helfen:

> **Fragen zur Annäherung an die Fallbeschreibung**
>
> – Was fällt Ihnen ganz allgemein bei diesem Fall auf?
>
> – Handelt es sich um ein eher medienablehnendes oder medienbefürwortendes Kita-Team?
>
> – Welche Werte sind besonders auffällig?
>
> – Welche möglichen Zusammenhänge und Erklärungen können Sie aus den Ergebnissen ableiten?
>
> – Wie könnte das Team (die Leitung?) mit diesen Ergebnissen umgehen? Welche Handlungsschritte könnten sich anschließen?

Ihre Notizen:

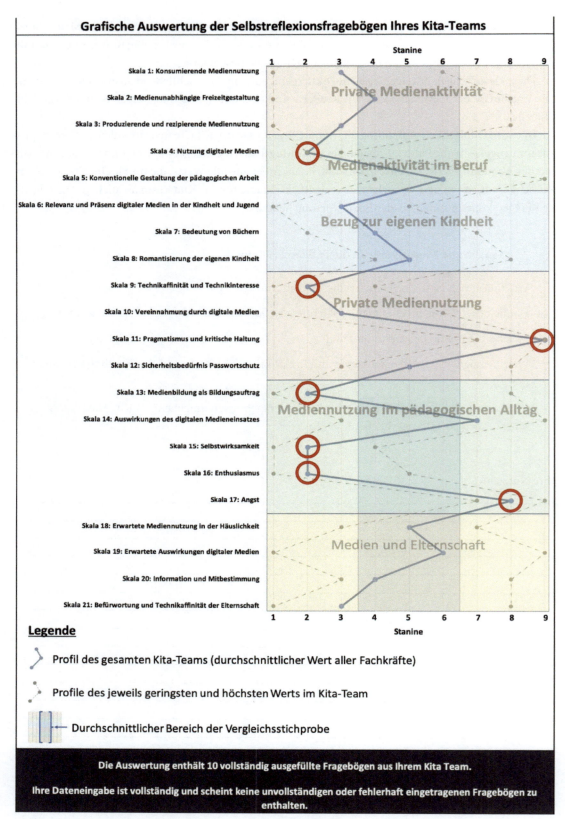

Abbildung 38: Grafische Auswertung der Selbstreflexionsfragebögen des Kita-Teams

Nachdem Sie sich anhand der ersten grafischen Abbildung einen Überblick über das Kita-Team verschaffen konnten, wird in der nachfolgenden Abbildung 39 aufgeführt, in welchen Skalen sich unterschiedliche Merkmalsausprägungen im Kita-Team erkennen lassen. Die Abbildung selbst wird im Rahmen der Auswertung mithilfe der Auswertungsdatei automatisch erstellt. In ihr werden all jene Skalen aufgeführt, in denen sich das Antwortverhalten innerhalb des Kita-Teams stark voneinander unterscheidet. Hier kann also angenommen werden, dass es im Team sowohl Personen mit einer hohen als auch mit einer niedrigen Merkmalsausprägung auf der jeweiligen Skala gibt. Exemplarisch würde dies für Skala 13 (Medienbildung als Bildungsauftrag) bedeuten, dass ein Teil des Kita-Teams den Umgang mit digitalen Medien als Teil des Bildungsauftrags versteht, während ein anderer Teil die digitale Medienbildung nicht zum Bildungsauftrag der Kita zählt. Durch Betrachtung dieser unterschiedlichen Merkmalsausprägungen wird ermöglicht, dass die bisher im Durchschnitt betrachteten Ergebnisse des Kita-Teams noch einmal genauer eingeordnet, interpretiert und mögliche Potenziale in Form von Maßnahmen unter Einbezug bereits vorhandener Kompetenzen abgeleitet werden können. Dabei müssen nicht alle Skalen gleichermaßen in die Auswertung einbezogen werden, sondern vorwiegend die Skalen, die für Sie von besonderem Interesse sind, weil sie für die weitere Arbeit im Team noch von hoher Bedeutung sein können. Ihre Aufgabe besteht zunächst darin, sich die Übersicht zu den Skalen mit großen Unterschieden im Team anzusehen. Welche Unterschiede erscheinen Ihnen besonders wichtig und warum? Bitte kennzeichnen Sie in der nachfolgenden Abbildung Ihre Auswahl und notieren Sie sich Stichpunkte, wieso die Skalenunterschiede wichtig sein könnten.

Skalen mit großen Unterschieden im Team

In Ihrem Kita-Team lassen sich in den folgenden Skalen Unterschiedlichkeiten wiederfinden:

– Medienunabhängige Freizeitgestaltung (Skala 2)

– Produzierende und rezipierende Mediennutzung (Skala 3)

– Bedeutung von Büchern (Skala 7)

– Sicherheitsbedürfnis Passwortschutz (Skala 12)

– Medienbildung als Bildungsauftrag (Skala 13)

– Auswirkungen des digitalen Medieneinsatzes (Skala 14)

– Erwartete Mediennutzung in der Häuslichkeit (Skala 18)

– Erwartete Auswirkungen digitaler Medien (Skala 19)

– Information und Mitbestimmung (Skala 20)

– Befürwortung und Technikaffinität der Elternschaft (Skala 21)

Das bedeutet, dass die Heterogenität Ihres Kita-Teams in diesen Bereichen dahingehend hoch ist, dass, im Vergleich zur der im Projekt Dikit erhobenen Vergleichsstichprobe mit N=511 Fachkräften, die Merkmalsausprägung mindestens einer Person Ihres Kita-Teams in der aufgeführten Skala eher niedrig ist, während mindestens eine weitere Person Ihres Kita-Teams in der aufgeführten Skala eine vergleichsweise eine hohe Merkmalsausprägung hat. Für weitere Informationen bezüglich der verschiedenen Merkmalsausprägungen bitten wir Sie, das materialbegleitende Buch 'Digitale Medien in der Kita mit Fachkräften, Kindern und Eltern reflektieren' hinzunehmen.

Abbildung 39: Ausgabe der Skalen mit großen Unterschieden im Team

Ihre Notizen:

___

Um zu überprüfen, in welchem Ausmaß sich die gerade von Ihnen markierten und als besonders relevant geltenden Skalen hinsichtlich ihrer Merkmalsausprägungen innerhalb des Kita-Teams voneinander unterscheiden, können in der nachfolgenden Abbildung 40 noch einmal der jeweils höchste und niedrigste Wert der entsprechenden Fragebogen-Skalen genauer angesehen werden. Bitte markieren Sie hierbei die für Sie wichtigen Unterschiede zweier Werte in einer Skala und überlegen Sie, wie diese Ergebnisse im Team genutzt werden könnten. Hierzu können folgende Fragen genutzt werden:

> **Fragen zur Annäherung an die Ergebnisse**
>
> - Welche Werte sind besonders auffällig?
> - Lassen sich Unterschiede zwischen der privaten und der beruflichen Mediennutzung finden?
> - Welche möglichen Zusammenhänge und Erklärungen können Sie aus den Ergebnissen ableiten?
> - Handelt es sich Ihrer Einschätzung nach noch immer um ein eher homogenes Team (mit Tendenz zur zurückhaltend-ablehnenden Haltung) oder lassen sich unter Einbezug der verschiedenen Merkmalsausprägungen noch weitere Facetten im Kita-Team vermuten?
> - Welche Potenziale und Ressourcen könnten in einem solchen Team genutzt werden?

Ihre Notizen:

III. Modul I – Reflexionsmaterialien

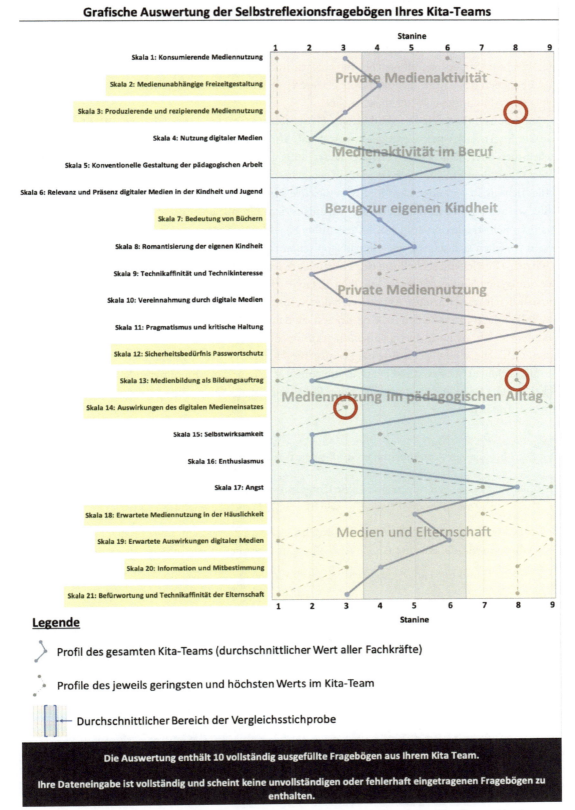

Abbildung 40: Grafische Auswertung der Selbstreflexionsfragebögen des Kita-Teams Nashorn unter Betrachtung sich stark voneinander unterscheidenden Merkmalsausprägungen im Team (gelb unterlegt). Rote Markierungen kennzeichnen Werte, die sich stark vom durchschnittlichen Antwortverhalten des Kita-Teams (Blaue Linie) unterscheiden.

Nachdem Sie sich intensiv mit den Fachkräften des Kita-Teams auseinandergesetzt haben, schauen Sie sich bitte auch die Ergebnisse des Kurzfragebogens der Elternschaft sowie die der Kinderbefragung genauer an. Bei dem Elternfragebogen können Sie sich einen kurzen Überblick über die Teilnehmer*inschaft (Stichprobenübersicht) verschaffen und anschließend ausgewählte Aussagen aus den vier Bereichen des Kurzfragebogens zur genaueren Betrachtung hinzuziehen, welche auf den nachfolgenden Abbildungen 41–45 zu sehen sind.

Im jeweils linken Teil der Abbildungen (Tortendiagramm) wird eine Übersicht darüber geboten, wie die Elternschaft insgesamt geantwortet hat, also wie viel Prozent der Eltern einer Frage eher zustimmen oder nicht. Diese Form der Darstellung gibt einen schnellen Überblick darüber, wie die Elternschaft dem Einsatz digitaler Medien gegenübersteht und zeigt vor allem, wie gleich oder unterschiedlich die Erwartungen aus Elternperspektive sind. Neben dem Tortendiagramm auf der linken Seite, werden auf der rechten Seite die Fragen aus dem Elternfragebogen den dazugehörigen Fragen aus dem Selbstreflexionsfragebogen gegenübergestellt. Die Fragen aus dem Selbstreflexionsfragebogen beziehen sich darauf, wie die pädagogischen Fachkräfte die Perspektive der Elternschaft einschätzen. Die Gegenüberstellung der Fragenpaare ist in Form eines Balkendiagramms dargestellt. Die orangenen Säulen bilden ab, wie die pädagogischen Fachkräfte des Kita-Teams die Elternschaft hinsichtlich ihres erwarteten Antwortverhaltens einschätzen (Angaben in Prozent). Die blauen Säulen des Balkendiagramms stellen im Gegensatz dazu dar, wie die Elternschaft tatsächlich auf eine Frage geantwortet hat. Anhand dieses Balkendiagramms soll die Reflexion darüber ermöglicht werden, wie gut die pädagogischen Fachkräfte die Perspektive der Eltern einschätzen können.

Bitte schauen Sie sich diese Diagramme zunächst genauer an und notieren Sie sich erste Auffälligkeiten. Die Beantwortung der folgenden Fragestellungen können Ihnen bei der Betrachtung und Auswertung helfen:

 Fragen zur Annäherung an die Ergebnisse

- Bei welchen Fragen zeigen sich große Unterschiede zwischen den Angaben der Elternschaft und den Annahmen der Fachkräfte, wie Eltern die Fragen beantworten würden?
- Welche Antworten der Elternschaft würden Sie selbst überraschen, wenn es sich bei den Ergebnissen um die Elternschaft Ihrer eigenen Einrichtung handeln würde?
- Welche Handlungsbedarfe ergeben sich aus Ihrer Sicht?

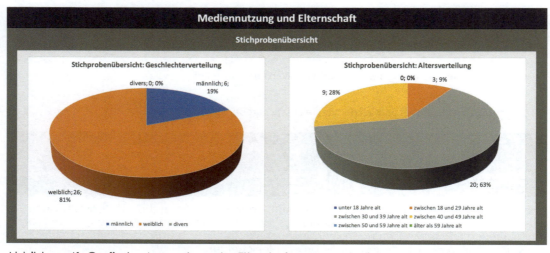

Abbildung 41: Grafische Auswertung der Elternbefragung – Mediennutzung und Elternschaft